Implantación de aplicaciones web

Implantación de aplicaciones web

María del Pilar Paredes Colmenar

EDITORIAL
SINTESIS

Asesor editorial:

Juan Carlos Moreno Pérez

Vallehermoso, 34. 28015 Madrid
Teléfono 91 593 20 98
http://www.sintesis.com

ISBN: 978-84-9171-350-0
Depósito Legal: M-11.975-2019

Impreso en España - Printed in Spain

Índice

Presentación

Este libro expone de forma clara y desde un punto de vista práctico los contenidos del módulo Implantación de aplicaciones web del ciclo de grado superior denominado Administración de sistemas informáticos en red, perteneciente a la familia profesional Informática y comunicaciones.

Para ayudar a que los conocimientos se asimilen correctamente se han dividido en siete capítulos. En cada uno de ellos se ha seguido la metodología siguiente:

- Explicación teórica de los conceptos asociados al contenido del capítulo.
- Aplicación directa de la teoría en diferentes actividades propuestas para que el alumnado realice de forma autónoma.
- Resolución de diferentes actividades de aplicación directa de la teoría estudiada.
- Resumen de los conceptos estudiados.
- Ejercicios propuestos.
- Test de autoevaluación para comprobar los conocimientos adquiridos.

El libro está estructurado en cuatro bloques temáticos:

1. *Introducción a las aplicaciones web.* Corresponde al primer capítulo de la obra. En él se analiza la terminología general de las aplicaciones web y otros conceptos fundamentales como la evolución de la web o los tipos de arquitectura de las aplicaciones web.
2. *Implantación de aplicaciones de ofimática web.* Las tendencias actuales respecto a todo tipo de aplicaciones es su uso en el *cloud*. Se analizarán las ventajas y desventajas de las aplicaciones web frente a las de escritorio y se estudiará alguna de las herramientas de ofimática web más extendidas.
3. *Gestores de contenido o CMS.* A lo largo de los capítulos 3, 4 y 5 se estudiarán las características de los sistemas de gestión de contenidos y los tipos de instalación, los gestores

de contenido más populares y las labores de administración y adaptación de los CMS. Para ello, se tomará como referencia el más utilizado en la actualidad: WordPress.

4. *Programación en PHP.* Para poder construir páginas web dinámicas es necesario un lenguaje de *script* del lado del servidor. A lo largo de dos capítulos, el 6 y el 7, se estudia el lenguaje PHP. A partir de las bases fundamentales expuestas se podrán crear aplicaciones web, procesar datos de formularios y acceder a bases de datos.

El desarrollo de los contenidos teóricos no solo se corresponde con el diseño curricular del módulo, sino que incluye diferentes propuestas activas para que el lector se involucre en el aprendizaje de los diferentes temas tratados.

A pesar de que el destino inicial de este libro es servir de texto de referencia a los estudiantes de ciclo de grado superior puede ser usado en otros ámbitos. La amplitud de los temas tratados y su enfoque, funcional y didáctico, permite su aplicación en otros contextos tanto académicos como profesionales. Por otra parte, se pretende trabajar no solo competencias técnicas, sino otro tipo de habilidades como las comunicativas, la asimilación de nuevos conocimientos y la capacidad de aprender, mediante las numerosas actividades prácticas, tanto guiadas como de investigación. Para ello, se encontrarán multitud de recursos que permitirá aprender de un modo más autónomo y eficaz, aptitud necesaria para poder aplicar los conocimientos que se adquieran en un mundo profesional y educativo cambiante.

1

Introducción a las aplicaciones web

Objetivos

- ✓ Conocer diferentes conceptos relacionados con la Web.
- ✓ Aprender qué es la Web y cómo ha evolucionado.
- ✓ Conocer los distintos tipos de arquitectura.
- ✓ Entender la diferencia entre la arquitectura de dos niveles y las de tres.
- ✓ Aprender de forma básica la instalación de un servidor web.
- ✓ Conocer de forma básica la instalación de un servidor de base de datos.
- ✓ Clasificar y entender las diferencias entre aplicaciones web y de escritorio.
- ✓ Conocer las tendencias actuales en el mundo web.

Mapa conceptual

Glosario

.Net. Framework de Microsoft, independiente del hardware, que permite un rápido desarrollo de aplicaciones.

***Apps*.** 1. Aplicación de software instalable y accedida a través de dispositivos móviles / 2. Programa informático diseñado como una herramienta de usuario.

Browser. También conocido como navegador. Programa que permite visualizar una página web.

Diseño responsivo (*responsive web design*). Diseñar aplicaciones de forma que se adaptan al tamaño del dispositivo desde el que son visualizadas.

Escritorio virtual. También conocido por el término inglés *webtop*. Servicio proporcionado en la nube que permite a un usuario realizar diferentes operaciones con archivos.

Fichero *log*. Tipo de fichero de texto usado por las aplicaciones, servicios o sistemas operativos para dejar constancia de diferentes sucesos.

Framework. Entorno de trabajo en diferentes ámbitos como la programación.

Internet de las cosas. IoT. Interconexión de objetos a Internet que envían y comparten información utilizando la red.

Internet. Red de redes que conecta ordenadores usando el protocolo TCP/IP.

Offline. Sin conexión a Internet.

Online. Con conexión a Internet.

RIA (*rich internet application*). Aplicaciones ricas en Internet.

SOA (*service oriented arquitecture*). Arquitectura orientada al servicio.

SDK (*software development kit*). Conjunto de herramientas que permiten crear aplicaciones o sistemas.

Stacks. Aplicaciones del instalador multiplataforma Bitnami.

Web 2.0. Evolución de la web hacia un espacio de lectoescritura.

Web apps. Aplicaciones webs accesibles a través de una interfaz de navegador.

Web social. Conjunto de servicios web que permiten la interacción entre los seres humanos.

Webtop. Escritorio virtual accesible a través de un navegador.

World Wide Web. Sistema de documentos de hipertextos enlazados entre sí y accesibles a través de un navegador.

1.1. Introducción

Internet forma parte de nuestras vidas. Sin embargo, es probable que no sepamos con precisión definir qué es la Web o explicar cuál es la arquitectura típica de las aplicaciones web. Actualmente, todo tipo de personas utilizan la Red para sus tareas cotidianas, bien sean de ocio o de trabajo. La evolución de la Web, desde su nacimiento allá por el final de los años 80, ha sido vertiginosa.

WWW

Recurso web

Escanea el código QR adjunto y encontrarás un interesante vídeo, publicado por Google, con motivo de la celebración del día de Internet. Muestra un repaso general a la historia desde los primeros tiempos hasta la actualidad.

Hemos pasado de una Web con contenidos estáticos y con capacidad para solo compartir texto a una Web casi inteligente en la cual podemos encontrar todo tipo de servicios y compartir no solo texto, sino imágenes y vídeo. Tal es así que actualmente, con la aparición de nuevas tecnologías, se utilizan cada vez más las llamadas *aplicaciones web.* Tradicionalmente las aplicaciones de escritorio ofrecían un mejor entorno gráfico y mejores prestaciones que las aplicaciones web; sin embargo, hoy en día prácticamente ofrecen funcionalidades similares, sobre todo en áreas como la ofimática web.

Figura 1.1
Internet.

SABÍAS QUE...

IoT, Internet de las cosas, es la nueva revolución de Internet. En IoT los dispositivos de la vida diaria (lavadoras, neveras, coches...) se conectan a Internet y amplían las funciones usuales que realizan. De esta forma se puede, por ejemplo, poner en marcha un determinado objeto a través de nuestro móvil u obtener estadísticas de su funcionamiento. Todos estos dispositivos denominados inteligentes podrán conectarse a través de sensores o de software específico, e intercambiar datos a través de Internet. Hay estudios que estiman que en 2022 en un hogar del mundo desarrollado habrá más de 50 dispositivos conectados a Internet.

Las aplicaciones web necesitan de un *browser* o navegador para ser ejecutadas. Por tanto, podemos definir una aplicación web como cualquier aplicación que es accedida vía web por una red bien sea Internet o una intranet.

Actualmente, las aplicaciones web están en auge puesto que todos los usuarios usan un navegador. Existen multitud de ejemplos de aplicaciones web: las redes sociales, los escritorios virtuales o *web tops*, los blogs, las wikis, etc.

1.2. El concepto de web y su evolución

1.2.1. El concepto de web

La búsqueda del término *web* en Google arroja más de 400.000 resultados. Puede hacer referencia tanto al nombre común de la World Wide Web como a las páginas web. No se debe confundir la Web o World Wide Web con Internet.

TOMA NOTA

El World Wide Web Consortium (W3C) es una comunidad internacional que desarrolla los estándares que aseguran el crecimiento de la Web a largo plazo. En su página web puedes encontrar, entre otra información, estándares para el diseño de aplicaciones o web de los servicios o de los dispositivos. Puedes visitar su página web (www.w3c.es).

Internet es la red a través de la cual los dispositivos pueden compartir información. Interconecta diferentes máquinas en todo el mundo utilizando el protocolo TCP/IP. Sin embargo, la Web (o WWW) no es más que una manera de acceder a la información a través de Internet mediante el protocolo HTTP (*hypertext transfer protocol* o protocolo de transferencia de hipertexto). La Web, por tanto, es una parte de Internet, un concepto relacionado con Internet pero diferente.

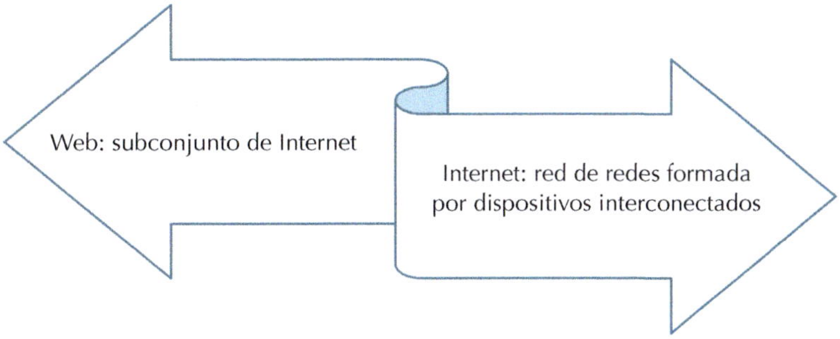

Figura 1.2
Web frente a Internet.

Cuando hablamos de la Web añadimos un número: Web 2.0, Web 3.0 e incluso Web 4.0. ¿Qué significan esos números? ¿Son versiones de la Web?

RECUERDA

✓ No es lo mismo Internet que la World Wide Web. Dentro de Internet hay multitud de servicios como el correo electrónico, el servicio de transferencia de archivos o el servicio de videoconferencia.

1.2.2. Evolución de la web

La evolución de la Web ha supuesto una transformación tanto en el modo de utilizarla como en las tecnologías que se han ido utilizando. En etapas iniciales la Web se conocía con el nombre de Web 1.0. Tenía una finalidad principalmente divulgativa y las páginas eran estáticas, por lo que su contenido permanecía invariable a lo largo de sucesivas ejecuciones.

En el año 2004, Tim O'Reilly acuña el término Web 2.0, también conocida como *web social*, puesto que el usuario tiene un papel relevante, al crear y compartir información. El usuario ya no solo lee páginas, sino que interactúa con ellas. Aparecen las redes sociales, los blogs, las wikis, las páginas web..., que son fundamentalmente dinámicas e interactivas. En la Web 2.0 los usuarios han dejado de *mirar cosas* para empezar a *hacer cosas* en Internet.

No hay que concebir las nomenclaturas Web 1.0 o Web 2.0 como versiones de la web, sino como el reflejo de la evolución de la web. Es posible observar de manera gráfica los aspectos más característicos de la Web 1.0 frente a Web 2.0:

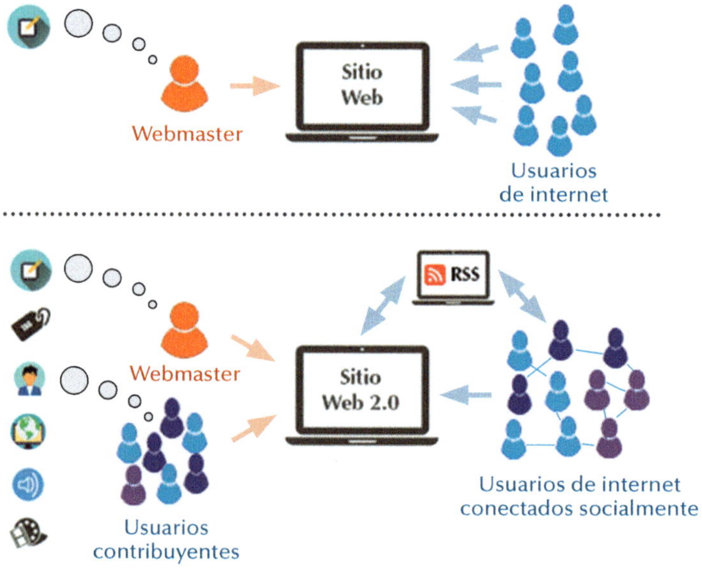

Figura 1.3
Comparación entre Web 1.0 y Web 2.0.

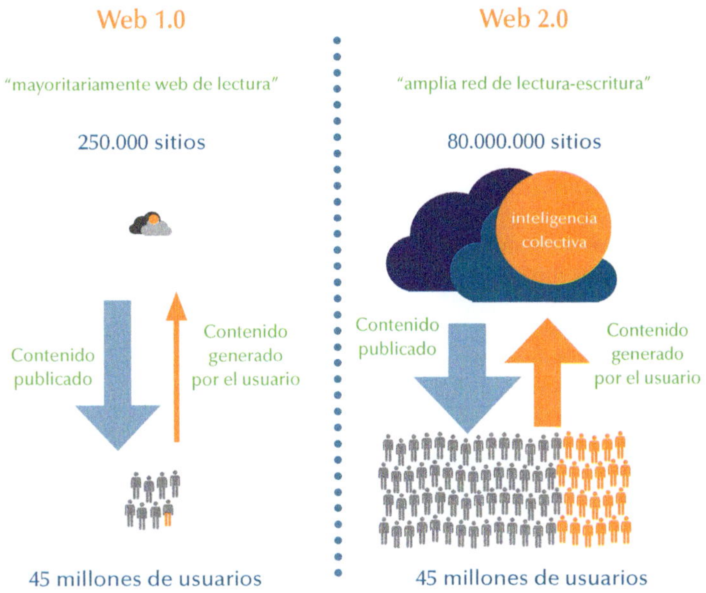

Figura 1.4
Evolución del número de usuarios de la Web.

Todas las páginas web que se cataloguen como Web 2.0 reúnen los siguientes requisitos:

1. *Aplicaciones ricas en Internet (RIA, rich internet applications)*. Las aplicaciones web ofrecen prestaciones casi idénticas a las de escritorio. Ejemplo: Office 365, Zoho Docs.
2. *Arquitectura orientada al servicio (SOA, service oriented architecture)*. En este tipo de arquitectura los componentes software son diseñados con el fin de usarse como un servicio en la red.
3. *Web social*. En las aplicaciones Web 2.0 el usuario es el centro de estas.

La Web ha ido incrementando su popularidad debido a las grandes prestaciones que nos ofrece. De forma continua los servicios van evolucionando y surgen nuevas tecnologías. Podemos decir que en la actualidad las tecnologías y los servicios existentes propician que sea nombrada con el término Web 3.0 o *Web semántica*. El objetivo principal es acercar al usuario lo más posible al lenguaje natural y adaptar la navegación a las preferencias que este tiene. Con la Web 3.0 han surgido nuevas formas de búsqueda y de almacenamiento, y nuevos lenguajes, sobre todo de inteligencia artificial. Los cambios en nuestra forma de utilizar la Web y obtener resultados se perciben claramente mediante la publicidad selectiva que obtenemos en función de nuestras experiencias de navegación.

Por tanto, estamos ante una web más inteligente que analiza diferentes factores, como preferencias y hábitos de navegación. En solo una década ha habido un crecimiento exponencial tanto del número de sitios creados como del número de usuarios que utilizan la web.

Ahora bien, la Web no ha parado de evolucionar. Actualmente vamos hacia lo que se denomina la Web 4.0. Con este nuevo modelo el usuario no solo interactuará con la web en búsqueda de información, sino que esta será capaz de mostrarle soluciones completas a sus necesidades. Por ejemplo: "Quiero cenar sushi esta noche a las 9" y que automáticamente se envíe la petición al restaurante, sin necesidad de más intervención del usuario.

Figura 1.5
La Web 3.0.

WWW

Recurso web

Tim O'Reilly, padre de la Web 2.0, es un auténtico gurú de la tecnología. Es considerado por muchos como un auténtico visionario de las nuevas tendencias en la Web. El siguiente código QR te lleva a un interesante vídeo que recoge una de las charlas impartidas por O'Reilly.

Figura 1.6
Evolución de la Web.

Actividades propuestas

1.1. Realiza un cuadro comparativo entre la Web 1.0, la Web 2.0 y la Web 3.0. No olvides especificar los períodos de tiempo aproximado en los que se van situando la Web 1.0, la Web 2.0 y la Web 3.0.

1.2. Busca en Internet información sobre la Web 4.0. ¿Crees que estamos ya ante una Web con esas características?

1.3. Elementos de la arquitectura cliente-servidor

Los elementos de este tipo de arquitectura varían en función de si estamos ante una arquitectura de dos capas o de tres. En cualquier caso, la arquitectura cliente-servidor es un modelo de aplicación distribuida con dos componentes principales: el servidor y el cliente. El servidor tiene como tarea principal proporcionar respuestas a las peticiones de los clientes. Hay muchos ejemplos de este tipo de arquitectura: pensemos en un servidor de base de datos que recibe, para procesarlas después, una serie de consultas de los clientes.

Figura 1.7
Las redes conectan el mundo.

En el cuadro 1.1 analizamos las ventajas y las desventajas de este tipo de arquitectura.

CUADRO 1.1
Ventajas y desventajas de la arquitectura cliente-servidor.

Ventajas	Desventajas
Escalabilidad, puesto que es posible aumentar la capacidad tanto de servidores como de clientes.	Posible congestión del tráfico en la Red, ya que existen gran cantidad de peticiones simultáneas al mismo servidor. Esto puede ocasionar un grave problema.
Disponibilidad, en el sentido de que, al estar distribuidas las funciones y las responsabilidades entre varios ordenadores independientes, es posible reemplazar, reparar, actualizar o incluso trasladar un servidor, sin que sus clientes se vean afectados por ese cambio.	Potentes recursos hardware en el servidor para que sea capaz de procesar de forma óptima las peticiones de los clientes.
Control centralizado por parte del servidor.	Mantenimiento complejo.

1.3.1. Arquitectura de dos niveles

Cuando hablamos de arquitectura de dos niveles estamos describiendo un sistema con dos elementos: cliente y servidor. En este modelo el servidor, polivalente, resuelve las peticiones que realizan los clientes. En el mundo web podemos entender este tipo de arquitectura secuenciando el proceso por el cual un usuario solicita una página web y la recibe en su ordenador en las etapas reflejadas en la figura 1.8.

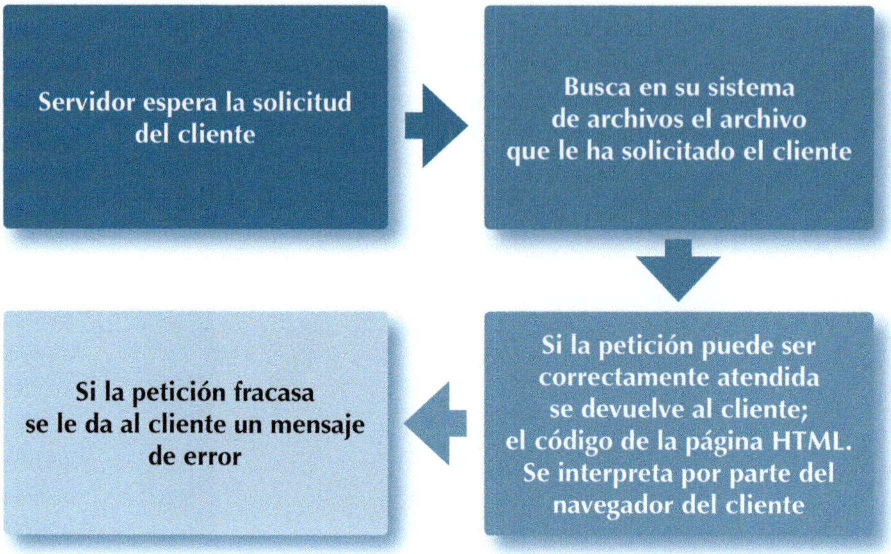

Figura 1.8
Esquema petición página web.

La figura 1.9 nos permite entender de forma gráfica cuál es la estructura lógica de este tipo de arquitectura.

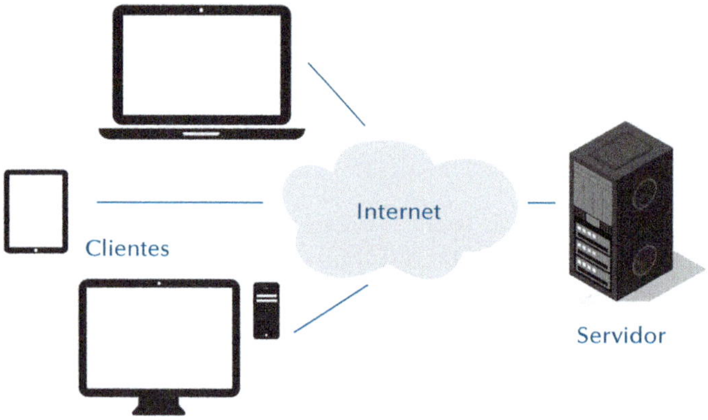

Figura 1.9
Arquitectura cliente-servidor.

WWW

Recurso web

Este código QR te llevará a un vídeo de Fatz que te ayudará a entender mejor la arquitectura cliente-servidor.

Si hay una gran cantidad de procesos o son muy complejos, el modelo de dos capas no resulta eficaz. Se produce una gran congestión en la Red cuando los clientes tienen que acceder a descargar los datos del servidor. A este problema se le denomina *cliente pesado*. La arquitectura de tres niveles intenta evitar la sobrecarga equilibrando las tareas que tiene que soportar el servidor.

RECUERDA

✓ Algunas de las desventajas de la arquitectura cliente-servidor es la dificultad de mantener los sistemas y los problemas de seguridad. La arquitectura de tres niveles intenta paliar estos problemas.

1.3.2. Arquitectura de tres niveles

Para conseguir soluciones más seguras, flexibles y escalables es necesario optimizar el uso de recursos. Para ello hay que repartir las funciones en tres niveles:

1. *Cliente*. Es el ordenador que, a través de la interfaz de usuario, realiza la petición de recursos al servidor.
2. *Servidor de aplicaciones*. El servidor hará uso de otro servidor para poder resolver las peticiones de recursos realizadas por los clientes.
3. *Servidor de datos*. Mediante el nivel de la base de datos es posible darle los datos al servidor de aplicaciones. Existen múltiples interfaces entre los dos servidores, dependiendo de los lenguajes de programación y del tipo de base de datos.

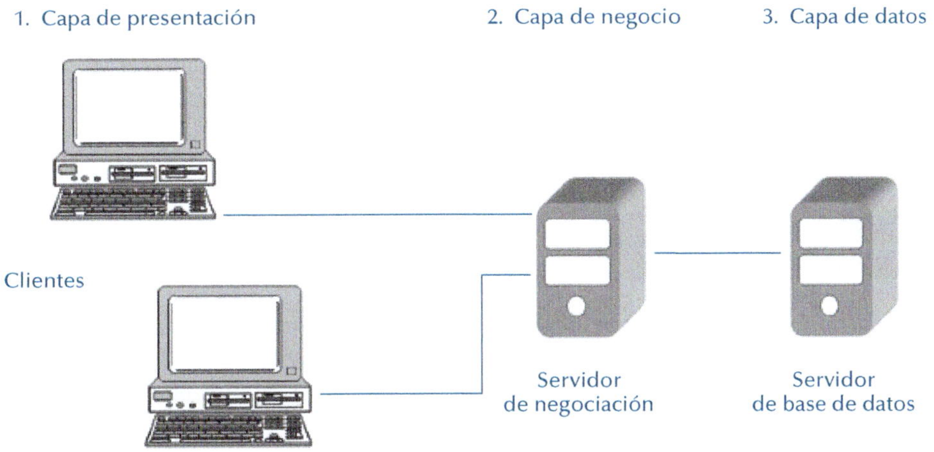

Figura 1.10
Arquitectura de tres capas.

PARA SABER MÁS

A medida que crecen las aplicaciones web mantenerlas resulta más difícil. El paradigma modelo-vista-controlador (MVC) separa en diferentes niveles o capas la arquitectura de una aplicación software. En el caso de las aplicaciones web, las capas estarían formadas por: la vista (o sea la página en HTML), el controlador (el programa que produce el contenido HTML y que obtiene de forma dinámica los datos) y el modelo (en esta capa se trabaja con los datos, por lo que normalmente habrá una base de datos que contiene diversa información almacenada). Algunas de las ventajas de MVC son: la separación de los datos de su representación visual, la escalabilidad y el control de errores.

1.4. Aplicaciones web y aplicaciones de escritorio

Aquellas aplicaciones que se desarrollan en un sistema operativo específico, para ser ejecutados bajo este son conocidas como *aplicaciones de escritorio*. Estas aplicaciones serán más o menos eficaces en función de la configuración hardware del ordenador donde se instalen. Ejemplos de aplicaciones de escritorio son: Word, Notepad, Paint entre otras.

Las aplicaciones de escritorio son las que tradicionalmente tenemos instaladas en nuestros ordenadores personales o de empresa. Existen aplicaciones tanto de pago como libres. Algunos de los problemas que pueden producirse al usarlas son:

1. Se puede producir incompatibilidad entre versiones.
2. Puede resultar difícil la instalación y la actualización.
3. Su coste es elevado.
4. En el caso de un ámbito empresarial, podemos encontrarnos con ordenadores que tengan diferentes versiones de un programa. Como consecuencia puede haber tanto pérdida de funcionalidad como problemas de consistencia.
5. Es posible que haya falta de portabilidad de la aplicación a diferentes sistemas operativos.

Ahora bien, las aplicaciones de escritorio son ampliamente utilizadas en todos los ámbitos por su gran cantidad de prestaciones y por su elevado tiempo de respuesta.

Definiremos *aplicación web* como toda aquella aplicación accesible a través de un navegador. Existen multitud de ejemplos de aplicaciones web: la Wikipedia, el correo electrónico o un servicio de comercio electrónico.

Actividades propuestas

1.3. Escribe el nombre de cinco aplicaciones de escritorio que tengas instaladas en el ordenador de clase. Analiza los requerimientos hardware de la aplicación, la versión, los tipos de licencia, las plataformas de instalación y la facilidad de utilización.

1.4. Durante este capítulo hablaremos de las aplicaciones de escritorio. Hay un tipo de aplicaciones llamadas *aplicaciones de consola*. ¿Qué son las aplicaciones de consola? Nombra y explica brevemente algunas de ellas.

1.4.1. Ventajas del software web

Las aplicaciones Web han ido avanzando en cuota de mercado tanto por sus prestaciones como por sus ventajas. Algunas de las ventajas más destacables son:

Figura 1.11
Ventajas.

1. *Ausencia de costes de actualización.* Como son los navegadores los que visualizan las páginas web es suficiente con realizar las actualizaciones en el servidor, de manera gratuita.
2. *Datos centralizados.* El servidor no solamente aloja las páginas web, sino también los datos, que estarán almacenados en una base de datos centralizada.
3. *Ausencia de instalación.* No es necesario instalar nada para usar una aplicación web, solo es necesario un navegador para acceder al servicio.
4. *Actualización constante.* Los equipos siempre acceden a la última versión actualizada de la aplicación.
5. *Movilidad.* Acceso desde cualquier ubicación con conexión a Internet.

TOMA NOTA

> Actualmente las aplicaciones web tienen prácticamente las mismas funcionalidades que las de escritorio.

1.4.2. Desventajas del software web

Las ventajas anteriormente expuestas pueden hacernos pensar que las aplicaciones de escritorio son claramente inferiores a las de la Web. Antes de decantarnos por un tipo u otro debemos conocer las siguientes desventajas de las aplicaciones Web:

Figura 1.12
Desventajas.

1. *Menor potencia.* Normalmente las aplicaciones de escritorio suelen tener mejores prestaciones y ser menos potentes. Por ejemplo podemos pensar en Office de escritorio Google Docs.
2. *Infrautilización del hardware.* Las aplicaciones hardware no supeditan su rendimiento a unas mejores prestaciones de hardware del ordenador.
3. *Conectividad rápida y constante.* Para utilizar todas las prestaciones del software web es necesario un acceso rápido y fiable a Internet. En la actualidad, esto no muy importante, ya que está ampliamente extendida la conectividad a Internet, y por otra parte muchas aplicaciones web pueden ser ya utilizadas en modo offline.

Actividad propuesta 1.5

Realiza un cuadro comparativo de las aplicaciones de escritorio y las aplicaciones web analizando sus ventajas y sus inconvenientes.

1.5. Instalación de servidores de aplicaciones web

Para dotar a un ordenador de la capacidad de mostrar páginas web y además permitir que otras personas puedan acceder a ellas, es necesario instalar un servidor de aplicaciones web. Dependiendo de si queremos que el acceso a las páginas sea a través de una red local o a través de Internet, optaremos por un tipo de instalación u otra. Cuando tenemos un servidor en local también es posible realizar páginas web y modificarlas sin necesidad de tenerlas subidas a Internet. Por otra parte, el uso de un servidor es imprescindible si se desea usar o aprender algún lenguaje de programación relacionado con Internet como HTML o PHP.

En el mercado existen multitud de servidores web. Elegir uno u otro dependerá, entre otras cosas, tanto de la plataforma sobre la cual va a ser instalado el servidor web como del lenguaje de programación que se utilice, llegado el caso, para programar las aplicaciones web. Así pues, en el caso de optar por tecnologías como PHP, lo lógico es instalar Apache. Si optamos por programar en .Net, tecnología de Microsoft, utilizaremos Internet Information Server (IIS).

En la figura 1.13 podemos observar la elevada cuota de uso de los servidores web de Apache que, junto con Nginx, lideran el mercado:

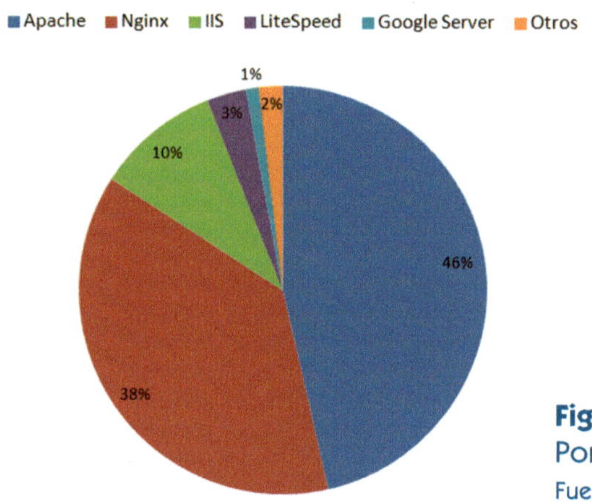

Figura 1.13
Porcentaje de utilización de servidores web.
Fuente: https://w3techs.com

> **WWW — Recurso web**
>
> La página de Netcraft (www.netcraft.com) proporciona datos y análisis de investigación sobre muchos aspectos de internet. NetfCraft es una compañía de servidores de Internet considerada una autoridad en la cuota de mercado de los servidores web, los sistemas operativos, los proveedores de hosting, el comercio electrónico, etc.

A continuación, una breve explicación sobre diferentes servidores web:

1. *Apache*. Servidor web gratuito, multiplataforma, modular y muy robusto, pero con ciertas limitaciones de velocidad que hacen que su rendimiento, para ciertos entornos, no sea del todo óptimo.

2. *Nginx*. Servidor web gratuito, multiplataforma, con grandes prestaciones sobre todo en atender peticiones concurrentes y en consumir recursos.
3. *IIS*. Servidor web propietario, orientado a Windows, fundamentalmente dirigido a aplicaciones Microsoft.

1.5.1. Instalación del servidor web Apache

Como ya sabemos, un servidor web nos permite publicar contenidos que escribamos en páginas web. El servidor Apache fue lanzado en el año 1995 y desde sus orígenes se ha mantenido como el servidor web más popular en Internet.

A) *Instalación*

En su página web: https://httpd.apache.org/ podemos encontrar las diferentes maneras de instalación en función del sistema operativo que tengamos. En esa página podemos encontrar también los archivos necesarios para iniciar la instalación, concretamente en el apartado de descargas: https://httpd.apache.org/download.cgi.

Recurso web www

En la página oficial de Apache (a la que puedes ir desde el siguiente código QR) tienes una extensa documentación que te puede servir para aprender con detalle aspectos de la configuración de este servidor.

En el caso de los sistemas operativos Windows simplemente hay que descargar el archivo zip e iniciar un proceso de instalación muy sencillo y perfectamente guiado, que deja el servidor web listo para funcionar. Por último, cuando el proceso se ha completado, aparece una pantalla en la que se indica que el servidor está listo para funcionar. Cuando pulsemos el botón de Finalizar, se da por terminada la instalación. Entonces el servidor web se arrancará automáticamente. Es posible realizar diferentes operaciones con el servidor a través de su centro de control: arrancar, parar, reiniciar.

Podemos saber que el servidor web está correctamente instalado escribiendo en la barra de direcciones del navegador http://localhost/ o http://127.0.0.1/

B) *Configuración*

Todo servidor se configura realizando modificaciones sobre su archivo de configuración. En el caso de Apache ese fichero se denomina httpd.conf.

Para trabajar con el fichero httpd.conf hay que utilizar un editor de texto tipo bloc de notas o similar. Encontraremos líneas con información útil (parámetros y sus valores) y otras líneas de comentarios que permiten saber el significado de las líneas ejecutables. Al comienzo de estas aparece un #. En una instalación típica no será necesario hacer ningún cambio en el fichero de configuración, pero es recomendable conocer las directivas más comunes del fichero:

- *DocumentRoot*. Establece el directorio base donde hay que almacenar las páginas para que el servidor web las encuentre. En este directorio podremos crear más subcarpetas y clasificar así nuestros contenidos. Generalmente es HTDOCS.
- *Servername*. Nombre del servidor.
- *Serverroot*. Raíz de instalación de Apache.
- *Listen*. Puerto de escucha.
- *DirectoryIndex*. Nombre del archivo índice del directorio. No necesariamente tiene que haber un solo archivo, sino que puede haber varios. Normalmente es index.html.
- *ErrorDocument*. Muestra cuándo ocurre un error.
- *errorLog*. Ruta al archivo log.
- *Loglevel*. Indica que se almacena en los ficheros logs.

PARA SABER MÁS

El servidor web Apache engloba sus directivas en tres grandes secciones: *Global Environnement, Main Server Configuration y Virtual Hosts*. Las dos primeras recogen respectivamente los aspectos globales del servidor y su configuración general; la última sección solo se configurará en el caso de que exista más de un dominio en nuestro host.

Actividades propuestas

1.6. Realiza la instalación de Apache bajo Windows en una máquina virtual.
1.7. Observa cuál es la estructura de directorios creada.
1.8. Edita el fichero de configuración y observa los parámetros anteriormente explicados.
1.9. Crea una pequeña página en html con tus datos personales y visualízala a través de tu navegador web. ¿Dónde la tienes que almacenar?
1.10. Ayudándote de Internet, busca en qué directorio base se suelen almacenar las páginas en el servidor web Internet Information Server.

1.5.2. Instalación del servidor de base de datos

Cuando se realiza una instalación del servidor web Apache, lo normal es que el entorno de trabajo cuente entonces con el servidor de base de datos MySQL. MySQL es un sistema gestor de base de datos con licencia dual. Podemos instalar MySQL a través del paquete instalador ofrecido en su página web www.MySQL.com. Tendremos que acceder al apartado de descargas correspondiente a nuestro sistema operativo.

En esa página también podemos encontrar documentación sobre el proceso de instalación y del resto de los aspectos relativos al funcionamiento de MySQL.

SABÍAS QUE...

MariaDB es un sistema gestor de base de datos nacido de MySQL con licencia GPL. Pretende sustituir a MySQL con más funcionalidades y mejor rendimiento. MySQL y MariaDB son totalmente compatibles. Puedes aprender más sobre MariaDB visitando su página web en la siguiente dirección: https://mariadb.org/

1.5.3. Soluciones integradas: servidor web y base de datos

Otra opción para poder instalar tanto un servidor web como un servidor de base de datos, es decantarnos por una solución integrada como la que ofrece Bitnami (https://bitnami.com/). A través de ese instalador multiplataforma se tiene acceso a un conjunto de más de 120 aplicaciones, que es posible instalar de manera automática, ya que el programa instalador contiene todo lo necesario para que el programa sea instalado en nuestro ordenador. Bitnami llama *stacks* o pilas a las aplicaciones que tiene disponible.

Algunas de las características más relevantes de Bitnami son:

- ✓ Es fácil de usar.
- ✓ Es multiplataforma. Existen stacks para Linux, Windows y Mac OS X.
- ✓ Es de Funcionamiento virtual como nativo. Es posible tanto la ejecución como una máquina virtual como la instalación física.
- ✓ Es independiente. Los stacks que instale no interfieren con el software ya instalado.

TOMA NOTA

En el mercado existe una lista bastante extensa de soluciones integradas tanto para Windows como para Linux. Algunas de las más famosas son: XAMPP, AppServer, Zawamp y Vertrigo.

Dentro de esas aplicaciones descargamos aquella que cumpla nuestras expectativas. En nuestro caso Bitnami WAMP Stack proporciona un entorno de desarrollo completo e integrado y listo para funcionar, de forma que podemos instalar con un solo proceso tanto el servidor web Apache como PHP y MySQL.

WWW

Recurso web

El vídeo de Chris Mahn (al que puedes acceder desde el código QR siguiente) es de excelente ayuda si tienes alguna dificultad a la hora de instalar WAMP desde Bitnami.

Actividades propuestas

1.11. Realiza la instalación del entorno WAMP a través de Bitnami en una máquina virtual Windows.

1.12. Comprueba que tienes instalado el servidor Apache y el servidor de base de datos.

1.6. Tendencias actuales

En un mundo cada vez más interconectado, el uso de dispositivos móviles está creciendo de forma exponencial. Como consecuencia de ello se ha propiciado la utilización masiva de las aplicaciones móviles (apps) frente a las aplicaciones web.

Las aplicaciones web y las móviles comparten algunas características, como que ambas son utilizadas por el usuario a través del navegador. Ahora bien, no es igual desarrollar una aplicación web y después optimizarla para uso en un teléfono inteligente o tableta que directamente desarrollar la aplicación para que sea instalada y distribuida en el dispositivo en cuestión. En el primer caso estaremos hablando de las denominadas *web apps.* Para conseguir, en este tipo de aplicaciones, que las páginas se adapten al tamaño de la pantalla usada para visualizarlas, se utiliza el llamado diseño responsivo *(responsive web design).* En el segundo caso hablaremos de las denominadas *apps nativas.*

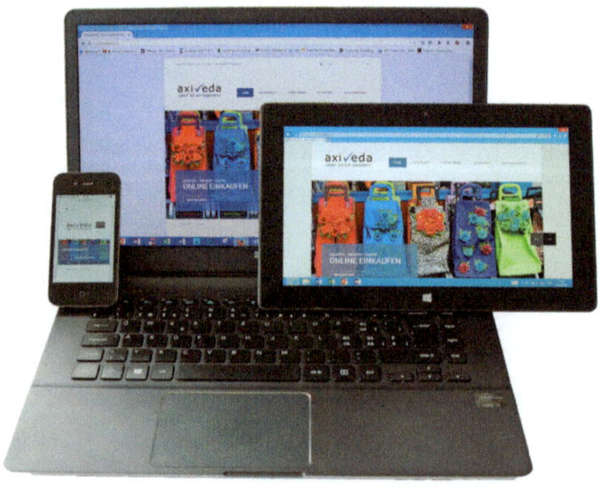

Figura 1.14
Aplicaciones para otros dispositivos.

SABÍAS QUE...

Tanto en las apps como en las aplicaciones web es importante una buena usabilidad. Otro concepto, muy importante, es la experiencia de usuario (user experience). Se puede definir como la serie de elementos resultantes de la interacción producto-usuario.

Las aplicaciones nativas se diseñan específicamente para los dispositivos móviles, lo cual mejora mucho la llamada experiencia del usuario. Se desarrollan para las distintas plataformas mediante un *software development kit* (SDK), con lo que para conseguir que una determinada app sea multiplataforma se crearán tantas apps como lenguajes específicos queremos que soporte. Citaremos como ejemplos el SDK de Java y el SDK de Android.

Recurso web

www

A través de este código QR puedes acceder a un vídeo de Xtreme Websites, con el que entenderás mejor lo que es el diseño responsivo.

Actividad propuesta 1.13

Realiza una pequeña tabla con los lenguajes más usuales utilizados para desarrollar apps de iOS, Android y Windows Phone.

Resumen

- Internet, la red de redes, surgió a finales de los años 60. Es un conjunto de redes conectadas mediante el protocolo TCP/IP.
- El uso de Internet se ha extendido rápidamente en los últimos años.
- En Internet hay gran cantidad de servicios, uno de los más populares es World Wide Web.
- La Web, parte de Internet, ha ido evolucionando paulatinamente hasta tener cada vez más funcionalidades.
- Inicialmente la Web solo ofrecía la posibilidad de compartir texto y actualmente tiene muchas más capacidades. Es además un espacio social para sus usuarios.
- Existen diferentes tipos de aplicaciones: de escritorio y web.

- Las aplicaciones de escritorio suelen ser más potentes y tener amplias funcionalidades.
- Las aplicaciones Web en la actualidad tienen prestaciones muy similares a las de escritorio.
- Generalmente, las aplicaciones web se crean siguiendo una arquitectura de tres niveles, para conseguir solventar los problemas que presenta la arquitectura de dos capas.
- Los servidores web permiten mostrar las páginas web que los usuarios requieren bien a través de Internet o bien a través de una red local.
- Uno de los servidores web más utilizado es Apache.
- En el entorno de desarrollo web además de los servidores web se utilizan los servidores de bases de datos.
- Uno de los servidores de bases de datos más usados es MySQL.
- Existen soluciones integradas que permiten instalar conjuntamente servidor web y servidor de base de datos junto con otros programas.
- Las denominadas apps, aplicaciones diseñadas para dispositivos móviles, están en auge, ganando cuota incluso frente a las aplicaciones web.

Práctica guiada

Las aplicaciones de escritorio como ya sabemos tienen que estar instaladas en nuestro ordenador. Rollapp es un entorno virtualizado que nos permite probar diferentes aplicaciones de escritorio. Dentro del entorno no es necesario instalar las aplicaciones, sino que ejecutamos la carga de estas en los servidores de Rollapp. Utilizando el entorno es posible, a través de nuestra cuenta de Google, Facebook o Amazon, tanto probar una aplicación como almacenar el resultado de nuestro trabajo en diferentes servicios de almacenamiento como DropBox o Drive.

El modelo de Rollapp ofrece diferentes tipos de suscripción:

- Cuenta gratuita (con publicidad).
- Pagar por app.
- Pagar por aplicación.
- Todo el catálogo.

[PASO 1] Desde la página oficial de RollApp (www.rollapp.com) clica en el apartado *Login* situado en la esquina superior derecha

[PASO 2] Para poder trabajar con el servicio de almacenamiento procede a hacer login con tu cuenta de Google, Facebook o Amazon.

[PASO 3] Una vez logado, observa las diferentes opciones disponibles dentro del entorno:

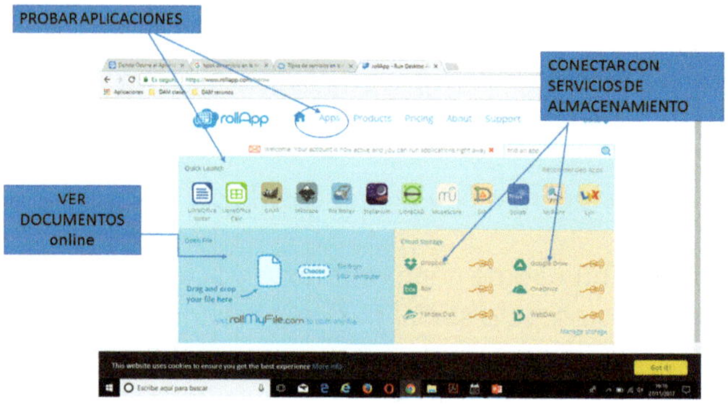

Figura 1.15
Opciones de Rollapp.

Puedes:

1. Arrastrar y soltar tus ficheros dentro del entorno, de forma que, aunque no tengas instalada la aplicación en tu ordenador, puedas abrir el fichero.
2. Lanzar diferentes apps.
3. Conectar con diferentes sistemas de almacenamiento.

[PASO 4] Prueba a abrir en el entorno un documento que tengas realizado en cualquier suite, por ejemplo LibreOffice. Observa que puede visualizar en el entorno virtualizado el archivo perfectamente:

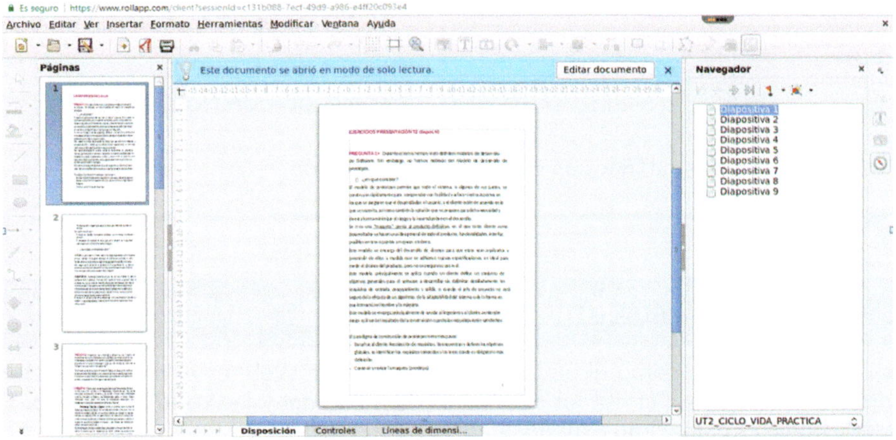

Figura 1.16
Ejemplo LibreOffice.

[PASO 5] Haciendo clic en el apartado de apps podrás probar algunas de las más de 230 aplicaciones, clasificadas por categorías (Educación, Utilidades, Oficina, Juego, Gráficas y Desarrollo) que ofrece RollApp. Hay otras apps que requieren cuenta tipo prémium.

[PASO 6] Selecciona, por ejemplo, la categoría de Development y de entre todas las apps existentes elige la aplicación Notepad haciendo clic sobre su icono:

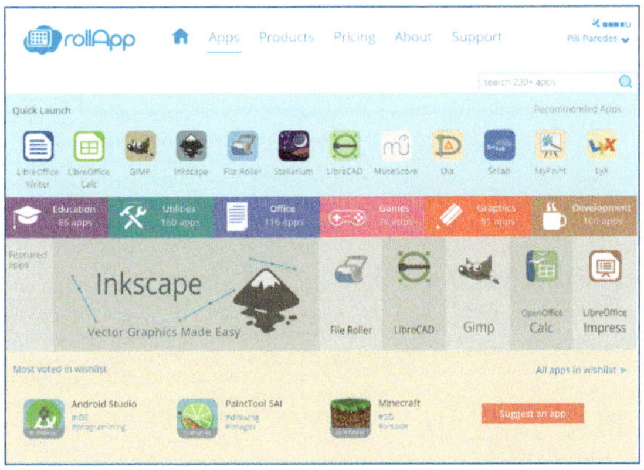

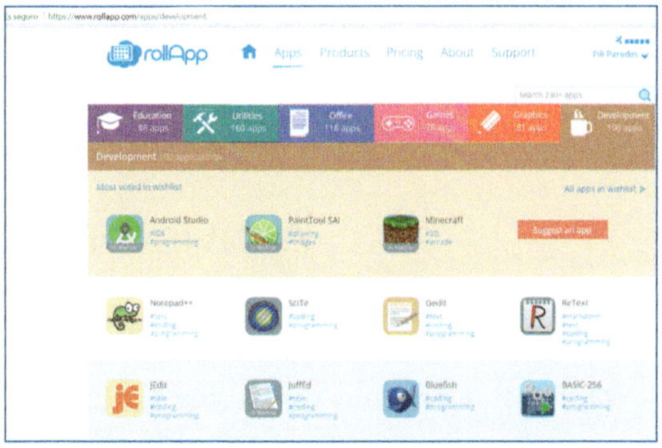

Figura 1.17
Opciones de Rollapp.

Figura 1.18
Apps de Development.

[PASO 7] Una vez seleccionada la app tienes que hacer clic en *Launch Online* para trabajar en el entorno con la aplicación Notepad++

[PASO 8] Trabaja de la forma habitual en Notepad++:

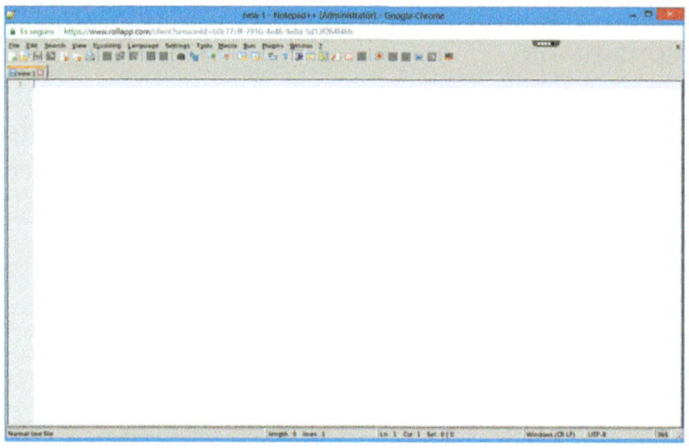

Figura 1.19
Trabajando con Notepad++.

[PASO 9] Prueba ahora a trabajar con otra app de tu elección.

Práctica propuesta

Tim Bernes-Lee, considerado como el padre de la World Wide Web, es el director del World Wide Web Consorcio (W3C), que supervisa los estándares para Internet y la World Wide Web. Bernes-Lee considera que Google es el máximo exponente de la Web 2.0.

Google dispone de una lista de herramientas considerables, muchas de las cuales seguro que no conoces. Algunas de las herramientas son:

- Google Ngram Viewer. Permite detectar palabras claves en libros.
- Google Fonts. Permite utilizar unas 630 fuentes web de código abierto.
- Google Keep. Para poder mantener, a través de la conexión con Google Drive, tanto notas como imágenes o otros elementos de forma sincronizada en todos los dispositivos.

Realizar las siguientes actividades:

1. A través de la lista de aplicaciones de Google selecciona el nombre de cuatro productos y describe brevemente su utilidad.
2. Prueba algunas de las aplicaciones (por ejemplo, Google Calendar o Google Keep) y documenta mediante una memoria las funcionalidades más importantes y las pruebas que hayas hecho.

ACTIVIDADES DE AUTOEVALUACIÓN

1. Una posible definición de la Web es:

- ☐ *a)* Conjunto de recursos alojados en un servidor ftp.
- ☐ *b)* Plataforma compuesta de recursos distribuidos en la red.
- ☐ *c)* Conjunto de servicios orientados al servicio.
- ☐ *d)* Todas las opciones anteriores son correctas.

2. La Web 2.0 se caracteriza por:
   - ☐ *a)* El usuario colabora en Internet, las páginas son dinámicas y existen nuevas tecnologías.
   - ☐ *b)* El usuario mantiene una actitud pasiva en Internet, las páginas son dinámicas y surgen tecnologías como Ajax.
   - ☐ *c)* La Web 2.0 es una nueva versión de la web y por tanto ofrece nuevas funcionalidades como espacios colaborativos y comunidades virtuales.
   - ☐ *d)* Las opciones *a)* y *c)* son correctas.

3. ¿Qué ventajas tiene el software de escritorio?
   - ☐ *a)* Grandes funcionalidades y comportamiento esperado.
   - ☐ *b)* Control de versiones.
   - ☐ *c)* Datos no centralizados.
   - ☐ *d)* Alto coste en actualizaciones.

4. ¿Cuál de las siguientes es una desventaja del software web?
   - ☐ *a)* Siempre se necesita una conexión fiable a Internet.
   - ☐ *b)* Datos centralizados en servidores propios.
   - ☐ *c)* Aumento de costes en las versiones diferentes.
   - ☐ *d)* Todas las respuestas anteriores son correctas.

5. ¿Qué nombre recibe el tipo de arquitectura donde tenemos los siguientes elementos: cliente, un servidor de aplicaciones, un servidor de datos?
   - ☐ *a)* Arquitectura multicapa.
   - ☐ *b)* Arquitectura cliente-servidor.
   - ☐ *c)* Arquitectura de tres niveles.
   - ☐ *d)* Arquitectura de servicios múltiples.

6. ¿Con qué tiene relación la web 4.0?
   - ☐ *a)* Con la Web semántica.
   - ☐ *b)* Con la colaboración de contenidos.
   - ☐ *c)* Con la inteligencia artificial.
   - ☐ *d)* Todas las respuestas anteriores son correctas.

7. La www es:
   - ☐ *a)* Un subconjunto de información dentro de Internet.
   - ☐ *b)* Un sistema de documentos de hipertexto enlazados entre sí y accesibles por medio del navegador.
   - ☐ *c)* World Wide Web.
   - ☐ *d)* Todas las opciones anteriores son correctas.

8. El puerto por donde, por defecto, escucha el sgbd MySQL es:
   - ☐ *a)* 3308.
   - ☐ *b)* 3306.
   - ☐ *c)* 3309.
   - ☐ *d)* 3310.

9. El directorio donde Apache necesita que las páginas web se encuentren almacenadas se denomina:

- ☐ *a)* Documentroot.
- ☐ *b)* Lib.
- ☐ *c)* Htdocs.
- ☐ *d)* Data.

10. MariaDB es un sgbd basado en:

- ☐ *a)* Postgresql.
- ☐ *b)* Mongodb.
- ☐ *c)* Rediris.
- ☐ *d)* MySQL.

SOLUCIONES:

1. a **b** c d
2. **a** b c d
3. **a** b c d
4. **a** b c d
5. a b **c** d
6. **a** b c d
7. a b c **d**
8. a **b** c d
9. a b **c** d
10. a b c **d**

2

Implantación de aplicaciones de ofimática web

Objetivos

- ✓ Diferenciar las aplicaciones de escritorio y las aplicaciones web.
- ✓ Aprender qué son las aplicaciones de ofimática web.
- ✓ Conocer las ventajas y desventajas de los diferentes tipos de aplicaciones.
- ✓ Aprender ejemplos de diferentes aplicaciones de ofimática web.
- ✓ Descubrir el uso básico de algunas de las aplicaciones de ofimática web.
- ✓ Conocer qué es la nube.
- ✓ Aprender diferentes aplicaciones de la nube.
- ✓ Saber diferenciar los tipos de nube.
- ✓ Conocer las características de la nube pública, la nube privada y la nube híbrida.
- ✓ Aprender diferentes suites de ofimática web.
- ✓ Familiarizarse con el uso de las funcionalidades de ofimática web.

Mapa conceptual

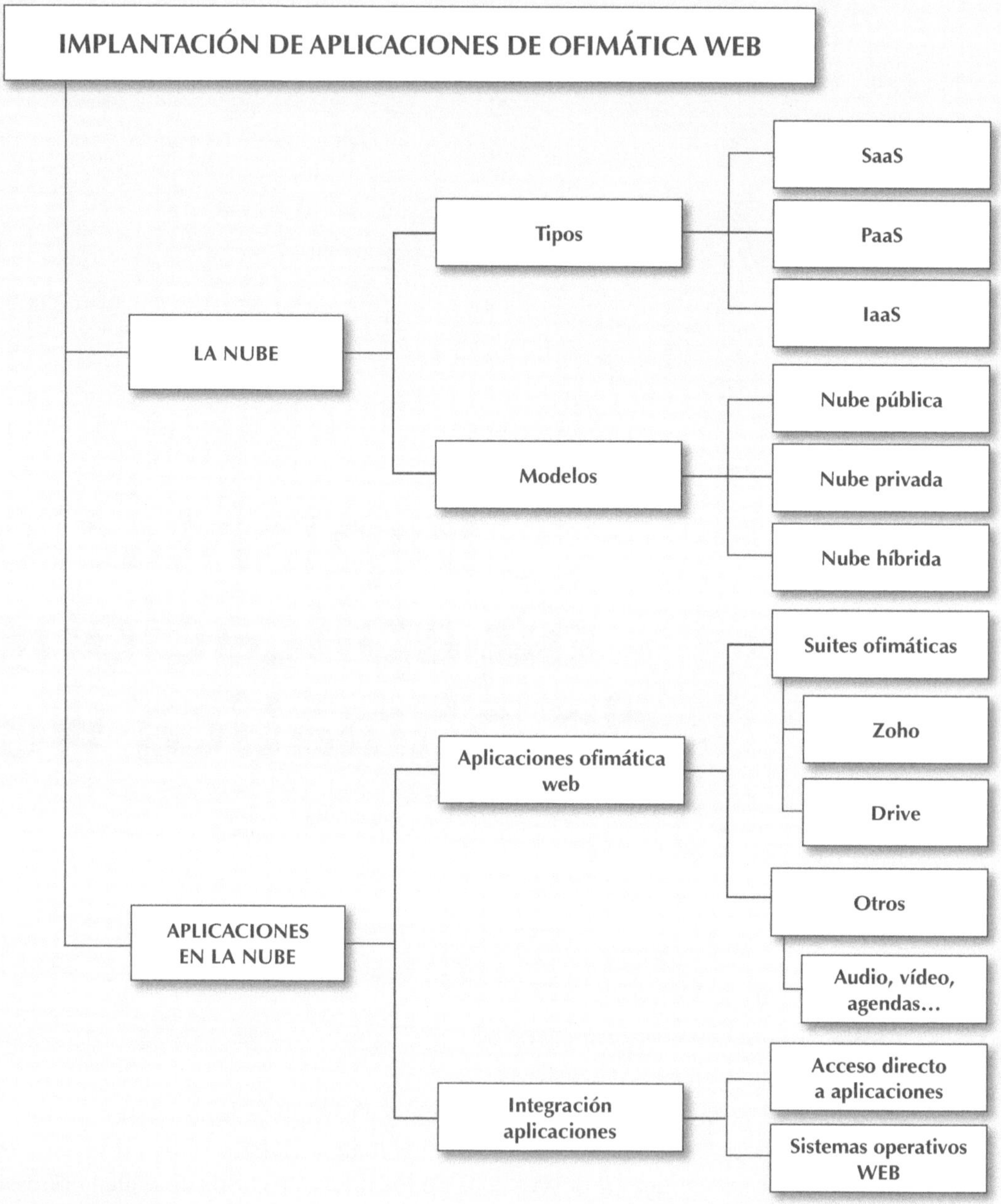

Glosario

Ajax ***(asynchronous JavaScript and XML)***. Tecnología de desarrollo web que permite optimizar las aplicaciones.

Cloud computing. Nube. Servicios accesibles a través de Internet.

Datacenter. Centro de procesamiento de datos.

Flash. Tecnología, independiente del navegador, que permite crear elementos animados.

MOOC ***(massive open online course)***. Cursos online masivos y abiertos que se pueden realizar por Internet.

SaaS, PaaS, IaaS ***(software, platform y infrastructure as a service)***. Diferentes tipos de servicios que podemos encontrar dentro de la nube, en función del tipo de prestaciones ofrecidas.

SSB ***(site specific browser)***. Punto de acceso a las aplicaciones web que simula las funcionalidades de escritorio.

Streaming. Servicio que optimiza la descarga de archivos.

webOS. Servicio en la nube que ofrece de forma remota la virtualización de diferentes sistemas operativos.

2.1. Introducción

Tanto en las empresas como en la vida cotidiana solemos utilizar programas que nos faciliten ciertas tareas administrativas que pueden ser tediosas y repetitivas. Las primeras aplicaciones ofimáticas, nacidas allá por los años 70, estaban orientadas tanto a agilizar como a simplificar el trabajo de oficina. Con las herramientas ofimáticas se mejora significativamente la productividad en las tareas. Durante mucho tiempo los usuarios han utilizado de forma exclusiva aplicaciones ofimáticas de escritorio. Estas aplicaciones estaban dotadas de una gran riqueza gráfica y de un mejor soporte; ahora bien, con el nacimiento de tecnologías novedosas como Ajax y Flash, entre otras, han ido apareciendo aplicaciones web con prestaciones muy similares a las tradicionales de escritorio.

Sin embargo, con el auge tanto de la utilización de Internet como de la evolución de la nube o *cloud computing*, han ido apareciendo multitud de herramientas de ofimática web con una amplia cantidad de funcionalidades. Toda aplicación ofimática web que pueda ser usada desde Internet puede ser considerada como un servicio en la nube; no es necesario, por tanto, realizar instalación ni descarga en el ordenador personal.

Las herramientas de ofimática utilizadas actualmente se caracterizan por los aspectos señalados en la figura 2.1.

Figura 2.1
Características de las herramientas de ofimática web.

WWW

Recurso web

Los MOOC (*massive online open courses* o cursos online masivos y abiertos) son cursos a distancia que el usuario puede hacer a través de Internet. Google se ha unido a esta tendencia y ha colgado en YouTube diferentes MOOC agrupados por temática. En el de Google Activate, al que puedes acceder desde el código QR adjunto, puedes entender los conceptos generales del *cloud computing*.

2.2. La nube: tipos y aplicaciones

La nube es una evolución de la virtualización. El usuario de los servicios no necesita saber cómo es la infraestructura a través de la cual recibe un determinado servicio. Además, la propia disposición del equipamiento de los servidores que proporcionan el servicio posibilita un posible crecimiento tanto de las aplicaciones como de las prestaciones ofrecidas. Por tanto, podemos definir *cloud computing* como un servicio accesible a través de Internet en el cual el usuario opta a diferentes servicios, que pueden ser gratuitos o no.

Existen múltiples soluciones en la nube, por lo que hay una cantidad ingente de proveedores. A través de los centros de datos (*datacenters*), los proveedores de la nube ofertan a los usuarios, de forma transparente, multitud de servicios diferentes. Algunos de estos proveedores son: Microsoft Azure, SAP, Amazon y Google Cloud.

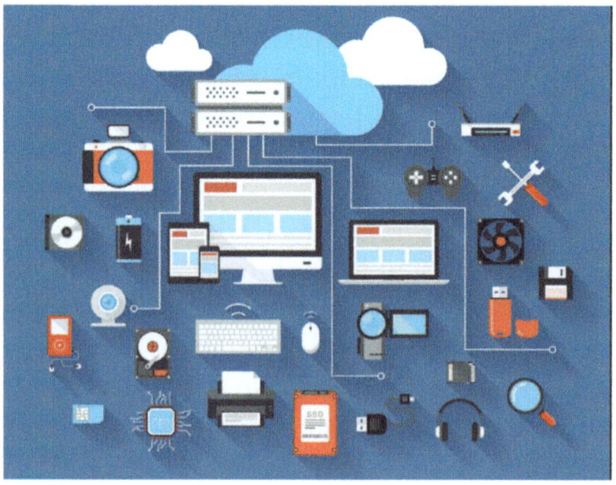

Figura 2.2
La nube.

El coste que se tiene que abonar a los proveedores depende fundamentalmente de los tipos de herramientas, de los servicios o de la plataforma. Se pueden encontrar, sobre todo, costes relativos al número de usuarios, costes relacionados con la utilización del servicio (espacio utilizado, tiempo de encendido del ordenador...) y costes de servicios extras como procesos de asesoría o migración de datos.

- Pago en función de recursos consumidos
- Soluciones escalables en función de las necesidades
- Herramientas de autoservicio para el usuario
- Facilidad tanto para disminuir como para aumentar recursos

Figura 2.3
Qué deben cumplir los servicios de la nube.

En la nube el usuario desconoce los detalles de la infraestructura y además recibe el servicio de forma independiente tanto del hardware como de la plataforma de su ordenador.

Recurso web www

Accede a través del siguiente código QR a un interesante artículo de Ángel Gutiérrez, publicado en AboutEspañol, en el que expone los peligros y las ventajas de la nube.

2.2.1. Tipos de nube

El *cloud computing*, o nube informática, es una evolución de la virtualización. El usuario de los servicios no necesita saber cómo es la infraestructura a través de la cual recibe un determinado servicio. En función del tipo de servicio, es posible establecer la clasificación que se muestra en el cuadro 2.1.

SABÍAS QUE...

Amazon Web Services, líder en *cloud computing,* es una colección de servicios web en la nube pública. Ofrece herramientas en las siguientes categorías: bases de datos, creación de redes virtuales, aplicaciones empresariales y almacenamiento y gestores de contenido. Puedes investigar en la Red sobre AWS para ampliar tus conocimientos.

CUADRO 2.1
Tipos de nubes.

Tipo de nube	Definición	Ejemplos
SaaS (software as service)	Programas creados para ser accedidos en forma de prestación a través del protocolo http	• Gestores de correo electrónico • Suites ofimática Web
PaaS (platform as service)	Servicios integrados dentro de una plataforma que permiten desarrollar programas	• Google Engine • Heroku
IaaS (infrastructure as service)	Recursos informáticos virtuales accesibles a través de la Red sin necesidad de tener instaladas máquinas físicas	• Amazon Web Services • Microsoft Azure

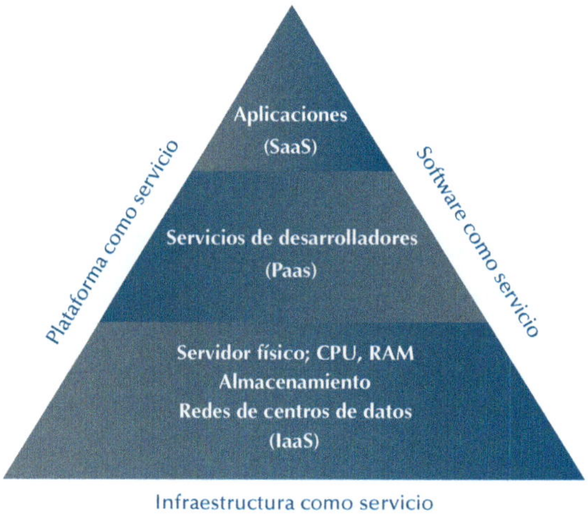

Figura 2.4
Tipos de nube.

En función de la ubicación de los servidores que nos proporcionan los servicios, podemos encontrar los modelos de nube que se explican en la figura 2.5.

Figura 2.5
Modelos de nube.

Actividades propuestas

2.1. ¿Cuáles son las ventajas y los inconvenientes de los diferentes tipos de nube, según el servicio?

2.2. Visita la página web https://aws.amazon.com/es/ y describe brevemente algunos de los productos ofertados por Amazon.

2.3. Accede a esta página https://cloud.google.com/products/ y resume algunos de los productos ofrecidos por Google.

2.2.2. Aplicaciones en la nube

Con las ventajas que ofrecen los servicios en la nube el usuario puede, sin grandes conocimientos, utilizar todo tipo de aplicaciones con usos diversos. Además, muchos de estos son gratuitos, e incluso en ocasiones disponibles offline. Dependiendo de nuestras necesidades podremos optar por un tipo u otro de prestación.

Algunos ejemplos se recogen en la figura 2.6.

Figura 2.6
Ejemplos de aplicaciones en la nube.

Recurso web

WWW

Existen diferentes servicios en la nube especializados en el envío de archivos grandes a través de la Red. En el artículo de Blogthinkbig, al que podrás acceder a través del siguiente código QR, tienes una relación de estos servicios.

2.3. Aplicaciones de ofimática web

La utilización de las aplicaciones de la nube por parte de los usuarios en todo tipo de ámbitos ha propiciado un gran cambio en la utilización de las clásicas herramientas ofimáticas. Ya no se necesita tener un ordenador con software preinstalado, únicamente es necesario tener un navegador y un dispositivo con conexión a Internet. Además, este tipo de herramientas no ofrecen solamente las prestaciones típicas de procesador de texto, hoja de cálculo o presentaciones, sino que posibilitan la utilización de otros servicios de la nube como el correo o la agenda.

La sociedad está cada vez más conectada. Según el Instituto Nacional de Estadística, en el año 2017 más del 84% de la población (entre 16 a 74 años) ha utilizado Internet; en el caso de los jóvenes (de 16 a 24 años) el porcentaje alcanza el 98%. Con esta necesidad creciente de disponer de información desde cualquier ubicación se ha generalizado el uso de herramientas ofimáticas online. Estas aplicaciones pueden ser usadas desde cualquier dispositivo, no solo el ordenador, como el móvil o la tableta.

Por tanto, actualmente se utilizan cada vez más las denominadas *aplicaciones de ofimáticas web,* que suelen ser gratuitas, y están caracterizadas por:

- Posibilidad de editar de forma simultánea documentos.
- Almacenaje automático de los documentos.
- No utilizan espacio de almacenamiento.
- Posibilidad de publicar documentos en Internet.
- Documentos accesibles desde cualquier lugar y ubicación con conexión a Internet.
- Elevada integración con el correo electrónico.
- Interfaz de usuario simple.
- Multiplataforma.
- Elevada compatibilidad con otras aplicaciones.
- Manuales de utilización.
- Perdurabilidad en el tiempo de los datos.
- Control de seguridad de los datos.

Este tipo de aplicaciones suelen ser accedidas desde el navegador y se integran con otros servicios de la nube. Se conocen también con el término de *aplicaciones de ofimática 2.0.*

WWW

Recurso web

A través de este código QR podrás acceder una información muy bien clasificada sobre todos los aspectos del *cloud computing* que hemos estudiado.

2.3.1. Tipos de aplicaciones

En las aplicaciones de ofimática web hay mucha diversidad de programas, dependiendo del propósito de estos. Una clasificación posible incluiría los siguientes tipos de aplicaciones:

a) *Procesadores de texto:* aplicación a través de la cual es posible la creación y la edición de textos.
b) *Bases de datos:* colección de datos almacenados que pueden estar asociados con diferentes tipos de relaciones.
c) *Hojas de cálculo:* aplicación que permite aplicar cálculos a diferentes volúmenes de datos.
d) *Gestión contable/finanzas:* aplicación que optimiza tareas realizadas con las finanzas y la contabilidad.
e) *Presentaciones:* aplicación que utiliza diapositivas para presentar información.
f) *Audio y vídeo:* aplicaciones para manipular tanto vídeo como audio.
g) *Clientes de correo electrónico:* aplicaciones para la lectura almacenamiento y administración de correos electrónicos.
h) *Programas para el tratamiento de imágenes o vídeos.*
i) *Agendas/organizadores personales:* aplicaciones para administrar el tiempo asignado a reuniones, tareas y eventos.

Actividades propuestas

2.4. Busca en la red dos ejemplos de los tipos de aplicaciones anteriormente expuestas y realiza una pequeña tabla.

2.5. Según Microsoft, "Sway es una aplicación de narración digital para el trabajo, la escuela y el hogar que permite crear y compartir fácil y rápidamente informes, presentaciones, historias", es decir, la evolución del Powerpoint que todo el mundo conoce. Utilizando Sway realiza una presentación de tema libre y documenta, de forma breve, cómo se utiliza la herramienta (https://sway.com/).

2.3.2. Ventajas e inconvenientes de las aplicaciones de ofimática web

Además de las características anteriormente expuestas podemos destacar las ventajas recogidas en la figura 2.7 de la página siguiente.

Respecto a los inconvenientes, podemos destacar que perdemos el control de nuestros datos, ya que están ubicados en servidores externos. Derivado de este inconveniente estaría el problema de poder gestionar adecuadamente las posibles copias de seguridad de nuestros datos. Por otra parte, hay que mencionar el hecho de que es necesaria una conexión fiable a internet; en cualquier caso, siempre existe la opción de trabajar offline con el aplicativo para posteriormente volcar los cambios al servidor de Internet.

2.3.3. Algunas aplicaciones de ofimática web

Todas las funciones que se pueden realizar para ejecutar de forma eficiente el trabajo administrativo se realizan con programas que suelen estar integrados en lo que se denomina *suites ofimáticas,*

Figura 2.7
Ventajas de las aplicaciones web.

en las que encontramos una compatibilidad total entre los programas que las integran y una interfaz de usuario muy semejante.

Las suites ofimáticas web no solo reúnen programas típicos como el procesador de texto, la hoja de cálculo y las presentaciones, sino que ofrecen otros programas con múltiples prestaciones. Normalmente los procesadores de texto ofrecerán funcionalidades tipográficas, semánticas u organizativas, y se podrá trabajar con diferentes formatos de fuente y de párrafo. En las hojas de cálculo, utilizando tablas, será posible realizar cálculos complejos usando funciones de diferente naturaleza. Por último, las presentaciones suelen incluir funciones de edición de texto y formato, así como funcionalidades para poder manipular imágenes.

Existen suites ofimáticas web tanto libre como propietario. A continuación se estudian algunas de las más populares.

Figura 2.8
Algunas suites ofimática web.

Recurso web

www

Office 365, servicio en la nube, permite disponer de las herramientas ofimáticas de Microsoft Office pagando una cuota mensual. En el vídeo de Daniel Yeruson, al que puedes acceder desde el código QR adjunto, aprenderás sus funcionalidades más elementales.

A) Zoho

Accediendo a la página web de Zoho (www.zoho.com) podemos conocer todas sus funcionalidades. Para utilizar el servicio hay que logarse con una cuenta propia o registrarse.

Se puede trabajar con las aplicaciones de Zoho de forma libre, comprando aplicaciones por separado, por paquetes o bien con el conjunto todo en uno (Zoho One).

Zoho One fue lanzado a finales del año 2017 y es anunciado en la página web como la integración de más de 40 aplicaciones web con aplicaciones móviles complementarias que permiten una administración conjunta de la empresa. Se trabaja de manera colaborativa y de ese modo se aumenta la productividad de los equipos de trabajo. Se emplea un único inicio de sesión y contraseña. Todas las aplicaciones son totalmente independientes del sistema operativo usado al funcionar dentro del ordenador y son distribuidas como SaaS (*software as a service*).

Dentro de la ventana principal, al hacer clic en aplicaciones encontramos diferentes categorías que nos permiten seleccionar las aplicaciones más adecuadas. Por ejemplo: ventas, marketing, colaboración, productividad, proyectos, wiki, libretas, e incluso herramientas de CRM.

TOMA NOTA

Las aplicaciones de Zoho se pueden clasificar en tres grandes grupos: negocio, colaboración y productivas.

En nuestro caso nos centraremos en las aplicaciones gratuitas y en las funcionalidades de ofimática web que estamos estudiando.

Si hacemos clic en Docs visualizaremos en la pantalla del ordenador una ventana con aspecto semejante a la figura 2.10.

Con Zoho Docs tendremos disponible un completo sistema de gestión de documentos online. Entre otras cosas es posible crear, compartir y editar todo tipos de documentos, hojas de cálculo, presentaciones e imágenes. Para empezar a trabajar de forma gratuita con las herramientas de Zoho Docs hay que logarse utilizando una cuenta propia o bien existente en Google, LinkedIn, Facebook o Microsoft 365.

Figura 2.9
Ventana de aplicaciones Zoho.

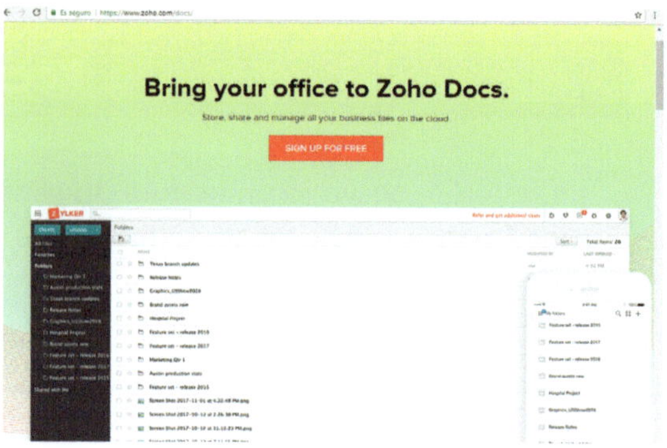

Figura 2.10
Ventana de Zoho Docs.

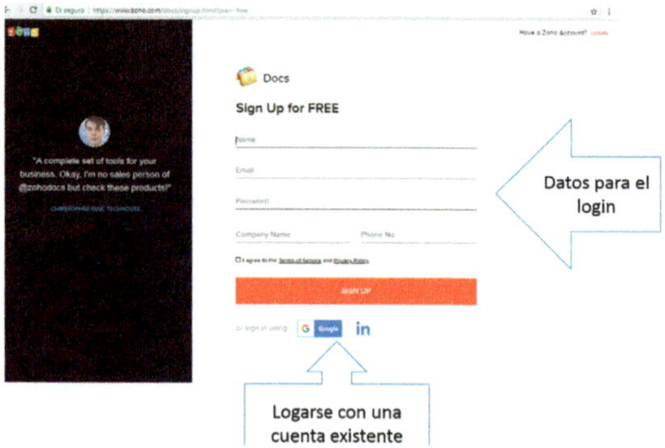

Figura 2.11
Login en Zoho Docs.

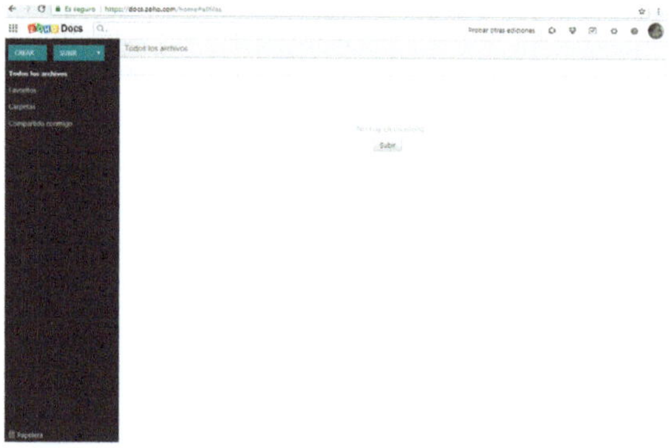

Figura 2.12
Ventana principal de trabajo en Zoho Docs.

En Zoho Docs es posible realizar tanto trabajo ofimático convencional, creando archivos de texto, presentaciones o hojas de cálculo, como realizar tareas de almacenamiento en la nube o sincronizar con nuestro ordenador. Ahora bien, Zoho Docs se caracteriza sobre todo por su carácter colaborativo, por tanto distintos usuarios podrán editar simultáneamente el mismo fichero. A las aplicaciones de Zoho Docs se le conoce con los nombres de:

- ✓ Zoho writer: procesador de texto.
- ✓ Zoho sheet: hoja de cálculo.
- ✓ Zoho show: presentaciones graficas.

Para crear un archivo, independientemente de su tipo, es suficiente con hacer clic en el botón Crear situado en la esquina superior izquierda. En el caso de querer realizar operaciones de almacenamiento cliquearemos en el botón Subir situado a la derecha del botón Crear. Se nos desplegará un menú como el que se muestra en la figura 2.13.

Supongamos que queremos realizar un documento de texto. Seleccionamos dentro del menú del botón Crear la opción correspondiente a documento y aparecerá una ventana, donde encontraremos las típicas funcionalidades de un procesador de texto:

- *Diseño de página:* numeración de páginas, encabezados y pies de página, interlineado, justificación de párrafos, tabulaciones, márgenes.

- *Edición de texto:* justificación del texto, tipografía, tamaño de fuente, color, tipos de formato, etc.
- *Funciones gráficas e imagen:* gráficos, imagen, formas, tablas, etc.

La ventana de Zoho Writer donde poder trabajar con las funcionalidades anteriormente mencionadas es la que se muestra en la figura 2.14.

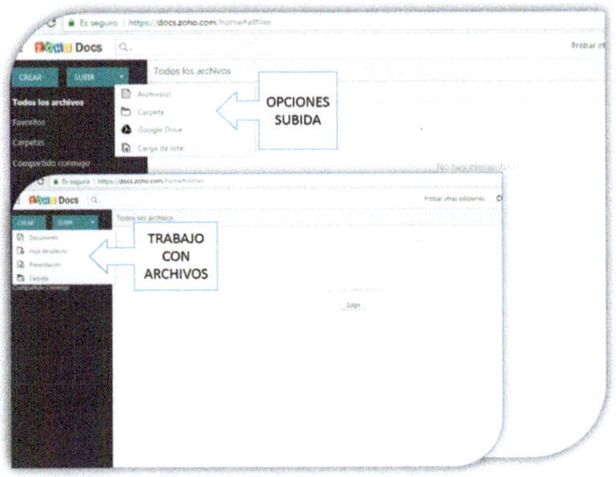

Figura 2.13
Aspecto del menú Crear y del menú Subir.

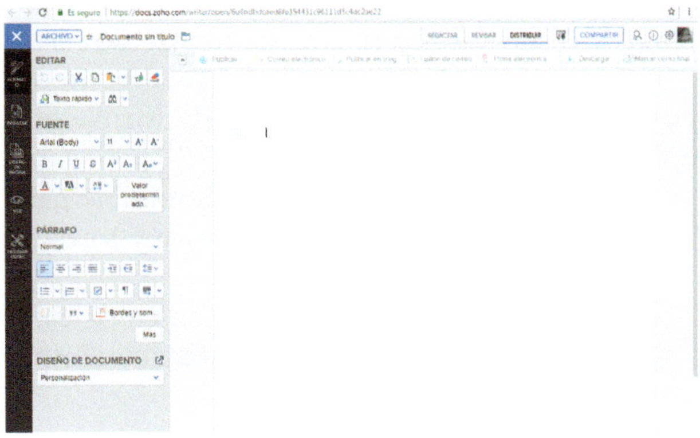

Figura 2.14
Aspecto de la ventana de creación de documentos de texto.

Además de trabajar con las opciones típicas de cualquier procesador de texto, Writer ofrece un conjunto de prestaciones tales como:

- ✓ Trabajar con archivos de diferentes formatos (.doc, .docx, .odt, HTML).
- ✓ Publicar directamente en formato blogs o directamente en HTML.
- ✓ Llevar un control y un seguimiento de los cambios en los documentos.
- ✓ Distribuir el documento a través del correo electrónico.
- ✓ Fusionar a través de distintos orígenes de datos en un solo documento.
- ✓ Descargar en formato local en formatos tales como pdf, texto enriquecido, epub...

Por otra parte, hay que destacar que es posible utilizar las aplicaciones de Zoho Docs sin conexión a Internet. O sea, trabajaremos de modo offline con el navegador web y una vez que se recupera la conexión se sincroniza los documentos con la versión en la nube.

RECUERDA

- ✓ Zoho es la herramienta posiblemente más completa de ofimática web. Además de las típicas funcionalidades de procesamiento de texto, hoja de cálculo o presentaciones gráficas, ofrece otras herramientas como Zoho CRM, Zoho Planner o Zoho Creator, mediante las cuales podremos gestionar un sistema de relación con los clientes, organizar nuestra agenda o crear miniaplicaciones web.

B) Google Drive

Google Drive es un servicio de Google, accesible a través de sus cuentas, que permite no solo almacenar ficheros, sino utilizar las funcionalidades principales de los paquetes de ofimática estándar. Incluye las prestaciones de Google Docs: crear documentos de texto, hojas de cálculo, presentaciones y formularios, etc., además de ofrecer posibilidades colaborativas tanto en la edición como en la compartición de los archivos. A través de Drive almacenaremos ficheros en la nube, que podrán ser accedidos desde cualquier dispositivo o ubicación. En estos dispositivos tendremos siempre disponibles las actualizaciones posibles que podamos realizar, de manera totalmente transparente para el usuario. Actualmente, es posible utilizar el servicio o bien de forma gratuita (máximo 15 GB de datos) o bien con un plan prémium de hasta 10 TB.

Drive es multiplataforma, está disponible para PC, Mac, Android e iOS.

Se puede comenzar a utilizar Drive y todas sus funcionalidades desde:

1. La propia cuenta de correo de Google, haciendo clic en el grupo Aplicaciones.
2. Desde la propia página del servicio: https://www.google.com/intl/es_ALL/drive/.

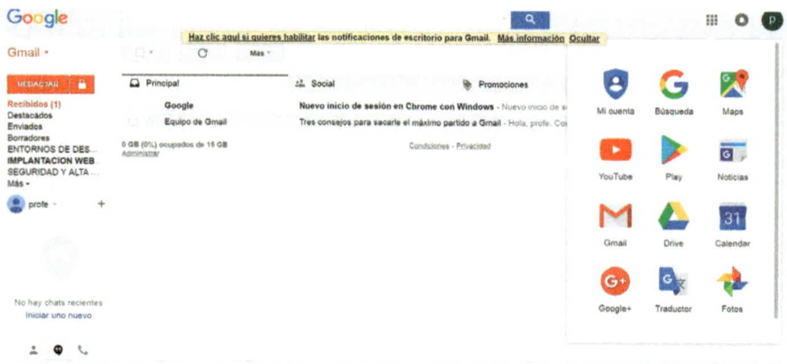

Figura 2.15
Acceso a Google Drive desde la cuenta de correo.

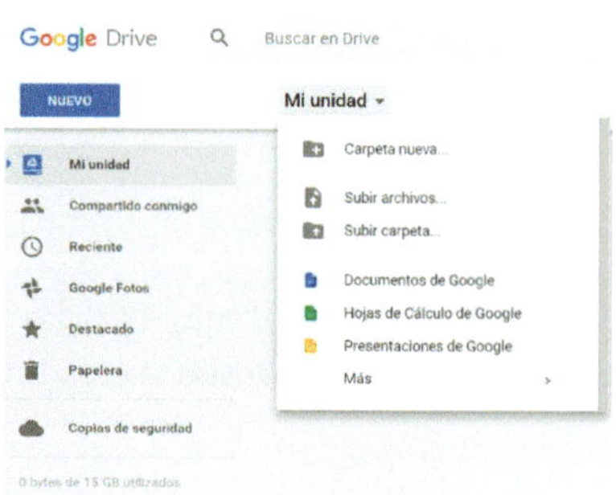

Figura 2.16
Aspecto Opciones de Google Drive.

Independientemente de cómo realicemos el acceso a Drive, solo necesitamos una conexión a Internet y un navegador. Podremos realizar, principalmente, las siguientes operaciones:

1. *Crear documentos ofimáticos:* seleccionaremos el tipo de elemento (documentos, hojas de cálculo, presentaciones, formularios).
2. *Acceso a ficheros:* es suficiente con hacer clic directamente en el icono que represente al archivo. Por otra parte, al editar un documento, hoja de cálculo o presentación, no es necesario salvar el elemento, ya que Drive realiza el proceso de forma automática.
3. *Explorador de archivos:* similar al de cualquier sistema.
4. *Herramientas colaborativas:* se puede compartir carpetas y archivos.
5. *Utilidades complementarias:* como Google Drawings, Geogebra, LucidChartDiagrams, ZohoWriter, ZohoSheet, Zoho Show...
6. *Subir ficheros o carpetas:* almacenar en la nube elementos de nuestro ordenador.
7. *Control de versiones:* es posible tanto descargar como almacenar de los archivos almacenados en Google Drive.

8. *Copias de seguridad:* es posible realizar una copia completa del contenido del ordenador.
9. *Integración con Google Fotos:* sincronización los vídeos y fotos de un dispositivo Android.

Tanto desde Documentos de Google, Hojas de Cálculo de Google o Presentaciones de Google se puede crear un documento con más de un propietario y trabajar de forma simultánea.

Respecto a las formar de compartir un documento es posible:

1. Compartir el enlace a través de diferentes medios, como el correo o redes sociales.
2. Utilizar la cuenta de correo para invitar a otros autores.

TOMA NOTA

Todos los archivos creados en Google Drive se visualizan en un listado en el que aparece el icono representativo de su tipo, su nombre, su propietario y la fecha de la última modificación.

Respecto a los archivos, es posible realizar las siguientes operaciones:

1. Cambiar el modo de ordenación.
2. Conmutar a vista lista, cuadrícula.
3. Compartición de archivos.

Otro aspecto interesante de Google Drive es la posibilidad de realizar copias de seguridad de nuestros archivos, y también una sincronización con estos. En el caso de usuarios de empresa, previo pago mensual, la solución File Stream permite no utilizar espacio en disco físico para almacenaje y acceder directamente a ellos a través de streaming. Además, la información siempre estará actualizada.

Para ello, desde la página oficial de Google Drive (en el apartado de Descargas) accederemos a la pantalla que se muestra en la figura 2.17.

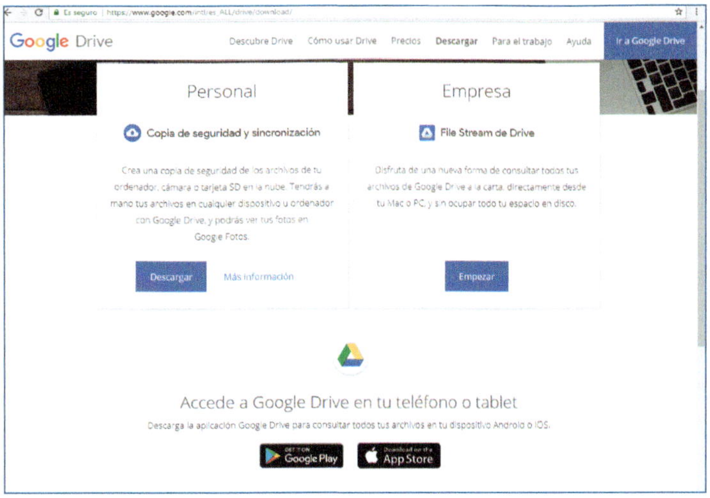

Figura 2.17
Opciones de copia de seguridad de Google Drive.

PARA SABER MÁS

Los sistemas de control de versiones permiten realizar de forma controlada la gestión de los cambios realizados sobre un archivo. Se clasifican en distribuidos y centralizados. En los sistemas de control de versiones distribuidos existe un punto de almacenamiento, denominado *repositorio,* por cada usuario; en los sistemas centralizados, sin embargo, hay un repositorio central. Existe gran cantidad de software tanto propietario como libre para poder realizar el control de versiones.

Si quieres aprender cómo se trabaja con el Control de Versiones en Google Drive puedes acceder a través de este código QR a un vídeo del canal "Un experto en Google te ayuda!".

2.4. Integrar aplicaciones heterogéneas

La integración de aplicaciones hace referencia a la posibilidad de conectar información procedente de diferentes programas. Como hemos visto las aplicaciones web están pensadas para ser utilizadas a través de un navegador y, generalmente, disponen de menos funcionalidades que las aplicaciones de escritorio. A través de las aplicaciones llamadas SSB (*site specific browser*) es posible integrar las aplicaciones web de forma centralizada para que su comportamiento sea prácticamente idéntico al de los programas de escritorio.

En el navegador Chrome, a través de unas pestañas cualesquiera, es posible crear un SSB del navegador. Cuando se crea un SSB a una aplicación Google lo denomina *accesos directos de aplicación*. A partir de ese momento la aplicación podrá ser accedida a través de la barra de tarea, el menú inicio y el escritorio, simplemente seleccionando la aplicación deseada y a través de la opción Herramientas seleccionar la opción Añadir al escritorio. En la figura 2.18 se puede visualizar la creación de un acceso directo a la aplicación Google Keep.

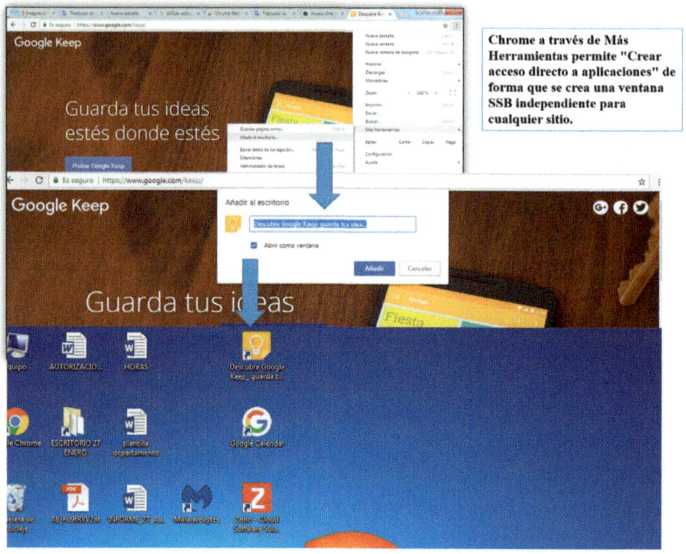

Figura 2.18
Cómo crear un acceso directo a una aplicación web.

Una vez creado el acceso directo se irá directamente a la página deseada y no estará visible ni la barra de navegación ni la barra de direcciones. Si hacemos clic en el acceso directo a Google Keep podremos acceder a la aplicación web como si se tratase de una aplicación de escritorio.

Además de los accesos directos a las aplicaciones, es posible también incluir aplicaciones en el navegador web. En el caso de Google tenemos la Chrome Web Store, para Chrome/Chromium o Google Play para Android.

Para añadir una aplicación, extensiones o temas visuales para el navegador desde Chrome Web Store:

1. Seleccionar la aplicación que se desea añadir.
2. Hacer clic en Añadir a Chrome.

TOMA NOTA

Algunas aplicaciones también podrán ser utilizadas desde Google Drive o desde Android, e incluso funcionar en modo offline.

Además de la integración de las aplicaciones que acabamos de estudiar, es necesario también mencionar los sistemas operativos web, conocidos también como *WebOS*. Esto nos permite el acceso a un escritorio virtual desde cualquier ubicación. A través de un navegador se emula tanto las aplicaciones como el entorno gráfico de un sistema operativo. Ejemplos de WebOS son Google Chrome OS, Lucid-Desktop y SilveOS. Los tres disponen de las diferentes aplicaciones típicas de cualquier sistema operativo.

Resumen

- La nube y la virtualización hacen que actualmente muchas de las operaciones que realicemos se almacenen en servidores en Internet.
- Los servicios de la nube son escalables y permiten ofrecer a los usuarios la posibilidad de pagar solo por los recursos consumidos.
- La nube ofrece diferentes tipos de servicios y distintos modelos en función tanto de las prestaciones como de su ámbito de aplicación.
- Existen múltiples aplicaciones en la nube que permiten realizar almacenaje de archivos, compartir información, realizar control de versiones o crear documentos.
- Las aplicaciones de ofimática web son muy utilizadas y ofrecen grandes prestaciones; no solamente las típicas de procesamiento, cálculo o presentaciones, sino que es posible añadir otras nuevas.
- Estas aplicaciones ofrecen muchas aplicaciones de ofimática web cuyas funcionalidades son cada vez más similares a las de escritorio.

- Una característica común a todas las aplicaciones web es la posibilidad de realizar trabajo colaborativo.
- Existe la posibilidad de integrar las aplicaciones web creando accesos directos que enmarcan los programas a través de una ventana similar a la de un programa de escritorio.
- Además de existir aplicaciones de ofimática web, hay sistemas operativos web que ofrecen los llamados escritorios virtuales.
- Las aplicaciones SSB permiten integrar las aplicaciones web de forma centralizada para que se comporten como programas de escritorio.

Práctica guiada

Una de las funcionalidades de Google Drive es la creación de formularios y el tratamiento de los datos recogidos. Es posible enviar a otras personas el formulario con el objeto de crear una encuesta o realizar un test de autoevaluación.

[PASO 1] Inicia Drive y haz clic en el botón Nuevo→ opción Más→, Formularios de Google→ Desde una plantilla.

[PASO 2] Hay una galería de plantillas disponibles clasificada por diferentes categorías: Personal, Trabajo y Educación. Selecciona la plantilla Valoración del curso dentro de la categoría de Educación.

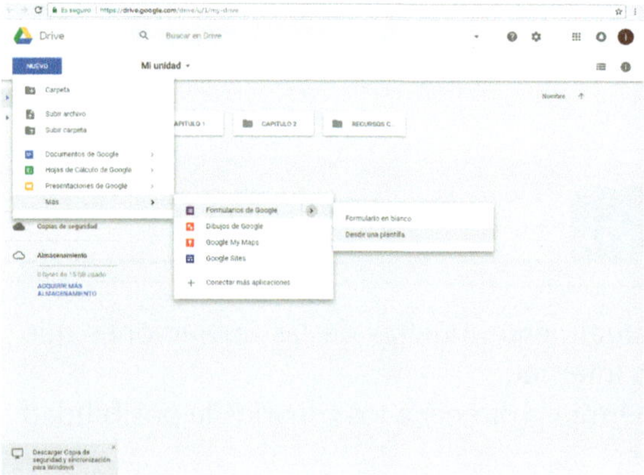

Figura 2.19
Comenzar a trabajar con los formularios en Drive.

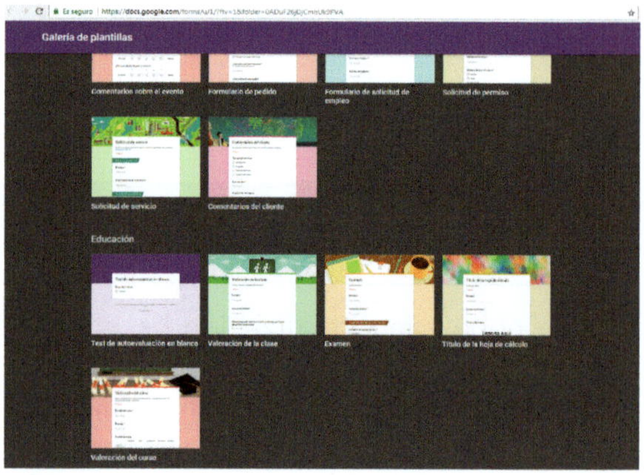

Figura 2.20
Aspecto de la galería de plantillas de Formularios.

[PASO 3] Seleccionada la plantilla tendremos una pantalla con diferentes opciones para personalizar de formar completa nuestro formulario en todos los aspectos: tipo de respuesta, cambiar color, añadir preguntas, añadir elementos gráficos, opciones de configuración:

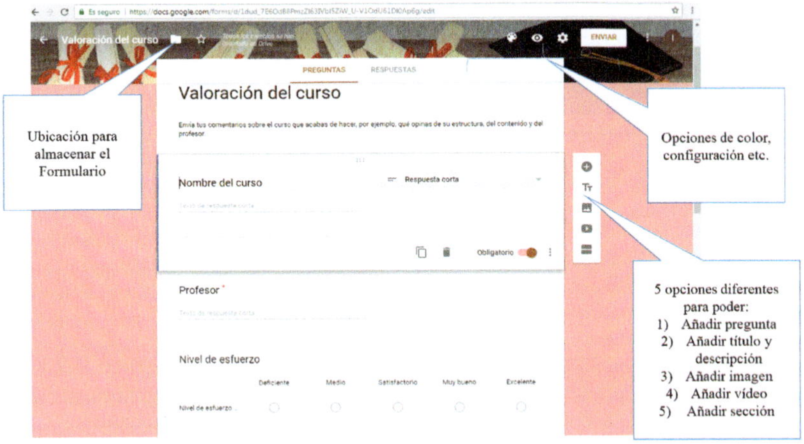

Figura 2.21
Personalizar un formulario.

[PASO 4] Supongamos que queremos personalizar el tipo de respuesta. Simplemente en el menú desplegable asociado elegimos una de las múltiples opciones que nos ofrece Drive.

[PASO 5] Vamos a personalizar las dos primeras preguntas con aspecto de Selección Múltiple y lista desplegable.

[PASO 6] Prueba a añadir diferentes preguntas y un vídeo por ejemplo.

[PASO 7] Trabaja las diferentes opciones de personalización como color, imágenes, etc., hasta que tengas el formulario completamente finalizado. Puedes observar en la vista previa cuál será su aspecto final:

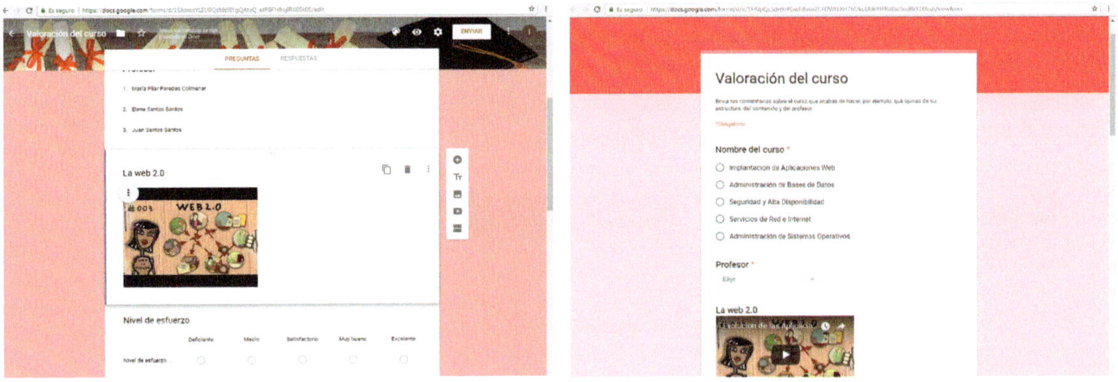

Figura 2.22
Añadir un vídeo al formulario.

[PASO 8] De nuevo en la vista edición se pueden configurar diferentes opciones en función del propósito del formulario. Dentro de la ventana Configuración es posible elegir aspectos generales, presentación, test de autoevaluación.

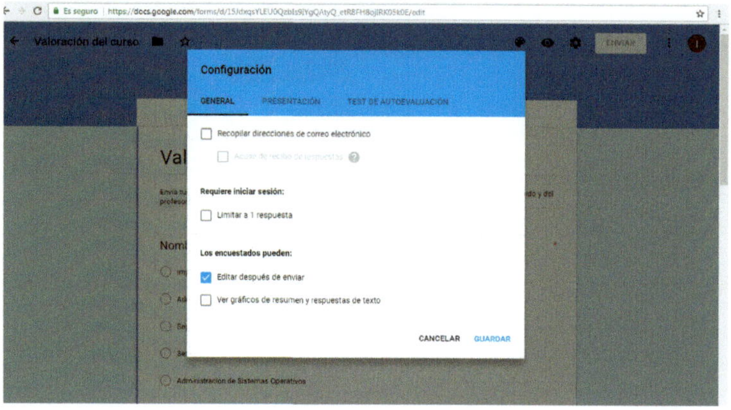

Figura 2.23
Configuración general.

El aspecto de las opciones que se pueden seleccionar en Presentación y test de autoevaluación es:

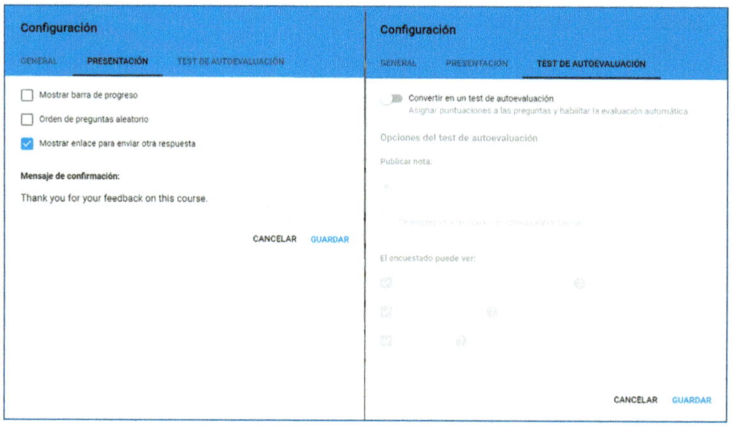

Figura 2.24
Otras opciones de configuración.

[PASO 9] Prepara el formulario en configuración general y envíalo a alguno de tus compañeros para que conteste a las preguntas que has preparado:

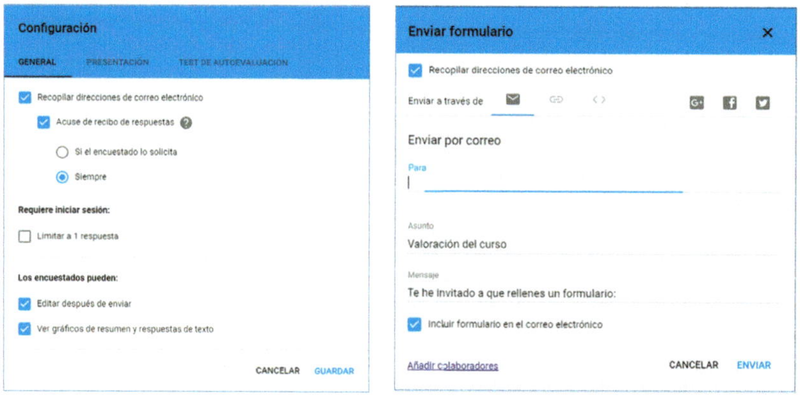

Figura 2.25
Preparación final y envío de formulario.

[PASO 10] Verifica que tus compañeros han recibido correctamente los formularios y observa las gráficas de respuesta.

Práctica propuesta

hubiC ofrece 25 GB de espacio gratuito para almacenar en la nube. En su página web (https://hubic.com/es/) se dice: "Es un servicio desarrollado por OVH que permite almacenar en la nube documentos como fotos y vídeos, en un espacio privado totalmente seguro, compartirlos con quien desee y acceder a ellos desde varios dispositivos: ordenadores, tabletas o smartphones".

Mediante hubiC es posible, por tanto, sincronizar, guardar, compartir y realizar copias de seguridad de los datos. El servicio es accesible tanto como aplicativo web como de escritorio.

Crea una cuenta gratuita en hubiC y prueba sus funcionalidades, documentando brevemente cada una de ellas. Las siguientes direcciones te pueden ser útiles:

https://www.youtube.com/watch?v=onHFdjQYDfA
https://hubic.com/es/faq
https://hubic.com/es/desktop-application

ACTIVIDADES DE AUTOEVALUACIÓN

1. Podríamos decir que una ventaja de las aplicaciones web es:
   - ☐ *a)* Mayores funcionalidades que las aplicaciones de escritorio.
   - ☐ *b)* Trabajo colaborativo.
   - ☐ *c)* Dependiente de la plataforma.
   - ☐ *d)* Todas las opciones anteriores son correctas.

2. Cuando se trabaja con Zoho, generalmente el archivo será almacenado:
   - ☐ *a)* En local.
   - ☐ *b)* En la cuenta de correo del usuario.
   - ☐ *c)* En la nube o en local.
   - ☐ *d)* En la nube.

3. ¿Cuáles de las siguientes afirmaciones son desventajas de las herramientas de ofimática web?
   - ☐ *a)* Solo pueden trabajar de forma online.
   - ☐ *b)* Todas las herramientas web están concebidas para trabajar offline.
   - ☐ *c)* El control de nuestros archivos está delegado en servidores externos.
   - ☐ *d)* *b)* y *c)* son correctas.

4. Los accesos directos a las aplicaciones:
   - ☐ *a)* Son extensiones de pago del navegador.
   - ☐ *b)* Permiten crear un camino corto a un aplicativo web.
   - ☐ *c)* Permiten crear un camino corto a una dirección de Internet.
   - ☐ *d)* Permiten crear un escritorio virtual.

5. Sobre Sway podríamos afirmar que:
   - ☐ *a)* Permite realizar hojas de cálculo de forma similar a Drive.
   - ☐ *b)* Permite realizar la gestión de tareas.
   - ☐ *c)* Es un programa similar a Zoho Slide.
   - ☐ *d)* Todas las opciones anteriores son correctas.

6. La nube junto con la virtualización:
   - ☐ *a)* Añade una capa de abstracción que impide que los recursos de la máquina sean aprovechables.
   - ☐ *b)* Hace que el hardware de una máquina deje de ser tan importante.
   - ☐ *c)* Hace que el software de una máquina deje de ser tan importante.
   - ☐ *d)* Ninguna de las opciones anteriores es correcta.

7. De los múltiples programas que permiten crear atractivas y dinámicas presentaciones en la web podemos decantarnos por:
   - ☐ *a)* Powerpoint.
   - ☐ *b)* Prezi.
   - ☐ *c)* Visio.
   - ☐ *d)* Velneo.

8. Para decantarse por utilizar Office 365 en vez de Office se tendrá en cuenta algunas de estas ventajas:
   - ☐ *a)* Actualización periódica de las aplicaciones y sincronización automática de los cambios en la nube.
   - ☐ *b)* Seguridad y privacidad garantizada.
   - ☐ *c)* Instalación rápida y segura.
   - ☐ *d)* Aspecto totalmente diferente al tradicional de Office.

9. Algunas de las desventajas de usar las aplicaciones Web son:
   - ☐ *a)* Infrautilización del hardware de la máquina.
   - ☐ *b)* La velocidad de trabajo depende de la conexión a Internet.
   - ☐ *c)* Para almacenar localmente el documento hay que descargarlo.
   - ☐ *d)* Todas las opciones anteriores son ciertas.

10. Respecto a los servicios de la nube podemos afirmar que:
   - ☐ *a)* Las soluciones son escalables.
   - ☐ *b)* Las soluciones no permiten ampliación.
   - ☐ *c)* En función de los recursos consumidos se realiza el pago.
   - ☐ *d)* Las respuestas correctas son *a)* y la *c)*.

SOLUCIONES:

1. a b c **d**
2. a **b** c d
3. a b c **d**
4. a b **c** d
5. a b **c** d
6. a **b** c d
7. a **b** c d
8. **a** b c d
9. a b c **d**
10. a b c **d**

3

Gestores de contenido o CMS

Objetivos

- ✓ Aprender qué es un gestor de contenido.
- ✓ Conocer las ventajas de utilizar un gestor de contenido.
- ✓ Clasificar los gestores de contenido en función de diferentes criterios.
- ✓ Conocer los diferentes tipos de licencia de software.
- ✓ Aprender cuáles son los criterios de elección para elegir un gestor de contenido u otro.
- ✓ Identificar los diferentes tipos de gestores de contenido.
- ✓ Conocer la estructura de un gestor de contenido.

Mapa conceptual

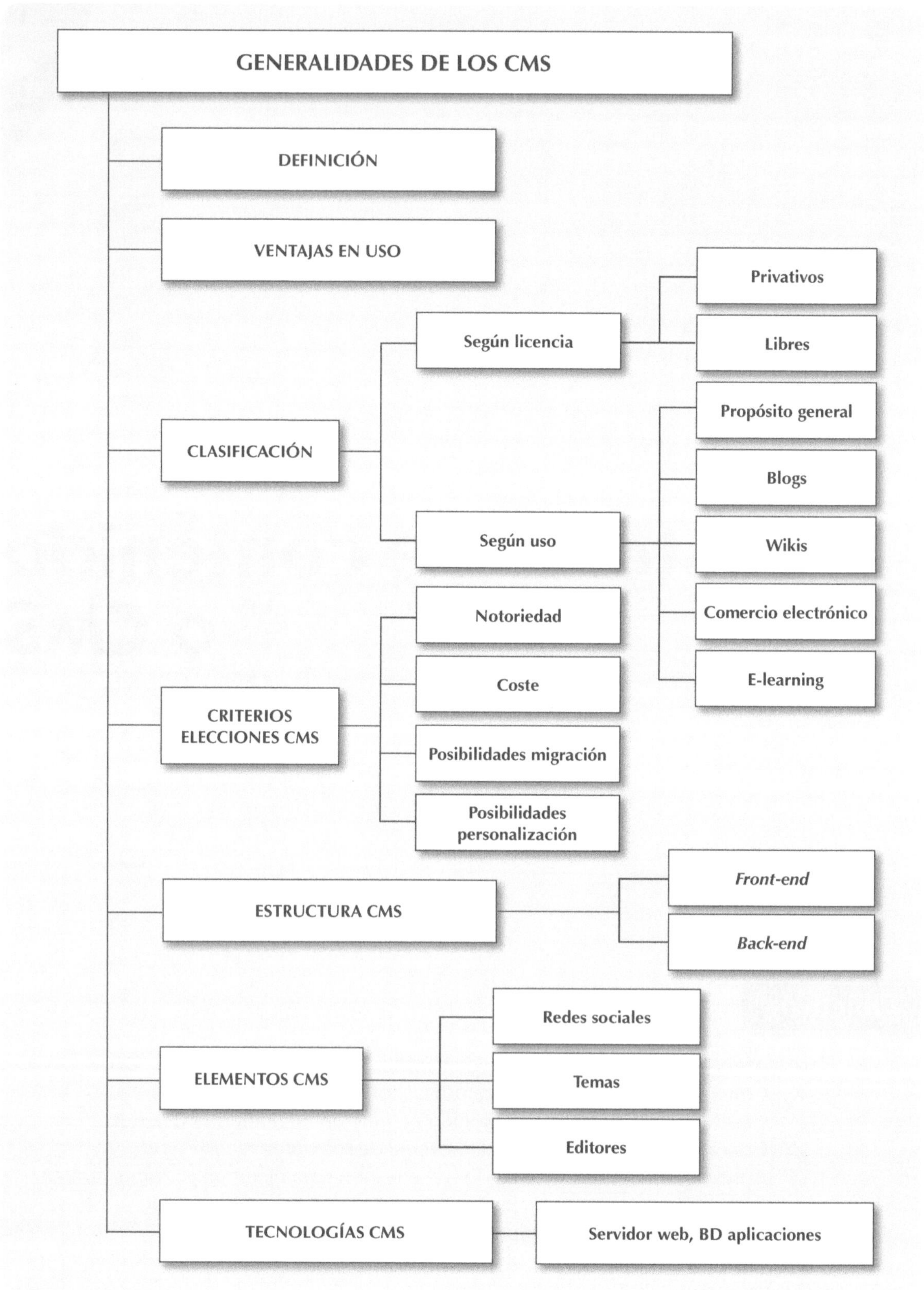

Glosario

Back-end. Parte que los usuarios de un sistema de gestión de contenidos no podrán visualizar salvo que tengan permisos de administración.

CMS *(content management system)*. Sistema de gestión de contenidos.

Freeware. Licencia que permite utilizar un programa sin coste, pero que impide que ese programa sea modificado.

Front-end. Parte que los usuarios de un sistema de gestión de contenidos, independientemente de su tipo, podrán visualizar.

Gadget. Miniaplicación de software con diferentes funcionalidades que dota de mayores posibilidades de funcionamiento a otra aplicación.

GPL *(general public license)*. Licencia pública general referida al uso libre del software.

LMS *(learning management system)*. Existen muchos tipos diferentes de CMS con diferentes clasificaciones. Los LMS son sistemas de gestión de contenidos orientados al aprendizaje.

OEM *(original equipment manufactory)*. Licencia privativa de la instalación y uso de un software.

Shareware. Licencia que permite un uso de un programa sin realizar ningún pago, aunque tiene otro tipo de limitaciones, generalmente de tiempo.

Widget. Pequeños programas que se pueden añadir a una aplicación con el propósito de permitir un acceso rápido a operaciones frecuentemente realizadas.

3.1. Introducción

Vivimos en una sociedad rodeada de información, totalmente conectada a Internet. En la web https://blog.qmee.com/ podemos encontrar las cifras sobre lo que pasa en Internet en un solo minuto. Algunas de esas cifras son las que se muestran en la figura 3.1.

Observando estas vertiginosas cifras se hace necesario utilizar herramientas que permitan crear web con suficientes funcionalidades, pero en un tiempo razonablemente corto. Hasta hace relativamente poco tiempo crear aunque fuera un pequeño sitio web era un proceso tedioso y difícil; además, exigía grandes conocimientos técnicos en distintas tecnologías como HTML, JavaScript, CSS, o PHP entre otras. Por otra parte, las actualizaciones del sitio eran una tarea compleja y costosa en tiempo.

Surgieron entonces nuevas maneras de crear páginas web utilizando sistemas ágiles que no necesitan recursos técnicos complejos y que disponen de un entorno integrado para las labores de mantenimiento, diseño y administración. El creador de las páginas no necesita grandes conocimientos y puede utilizar el sistema para crear sitios web con una separación clara entre la parte administrativa y la de diseño. A estos sistemas se les conoce como CMS (*content management system* o sistemas de gestión de contenidos).

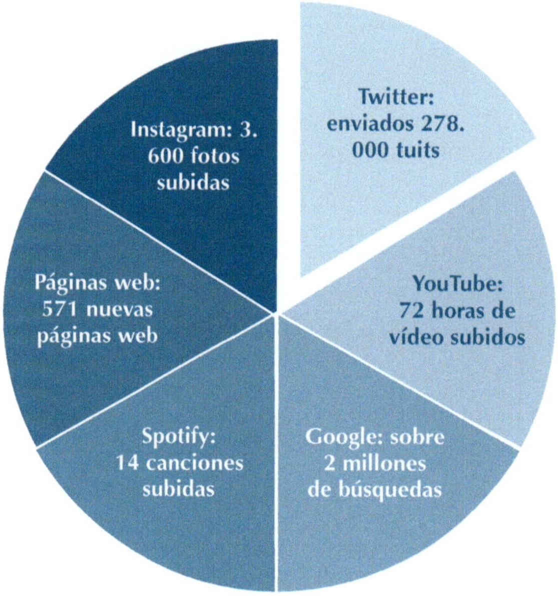

Figura 3.1
Internet en un minuto.
Fuente: https://blog.qmee.com/

> **WWW** **Recurso web**
>
> A través del siguiente código QR podrás acceder a este vídeo de Jesús Veliz en el que verás un resumen de lo que ha ocurrido en internet en el último año.

3.2. Sistemas de gestión de contenido

Un CMS es un programa, instalado sobre un servidor web, a través de cual se dispone de una estructura de soporte tanto de creación como de administración del sitio.

Figura 3.2
CMS.

Utilizando los CMS se puede construir un sitio web, sin necesidad de saber lenguajes de marcado, con multitud de prestaciones y con grandes facilidades para actualizar.

Hay diferentes formas de clasificar los CMS. Algunas de las clasificaciones más extendidas son en función del tipo de licencia y de su utilización.

3.2.1. CMS según su tipo de licencia

En función de la licencia de software utilizada podemos encontrar una primera clasificación, que divide a los CMS entre privativos y libres. Una licencia de software otorga permiso de utilización a los usuarios. Algunos de los tipos de licencia se recogen en la figura 3.3.

Figura 3.3
Tipos de licencia.

Las diferencias entre los tipos de licencia son:

1. *GPL* (*general public license*, licencia pública general). Software libre o de código abierto. No implica que necesariamente sea gratuito. Con este tipo de licencia el software, además de ser usado, se puede alterar, copiar y redistribuir de forma libre.
2. *Privativas.* Software de código cerrado. Nunca es gratuito. No puede ser alterado ni copiado (salvo la copia de seguridad). En los equipos informáticos nuevos a veces se encuentra una variante de la licencia privativa denominada OEM *(original equipment manufactures)*, en la que el software es preinstalado y se permite su uso.
3. *Freeware.* Con este tipo de licencia no se puede alterar el código fuente pero sí usarlo de forma gratuita.
4. *Shareware.* Utilización gratuita del software pero con restricciones: tiempo de uso, funcionalidades, etc.

Actividad propuesta 3.1

En una tabla, clasifica los CMS en función de su tipo de licencia.

RECUERDA

✓ No es lo mismo software libre que gratuito. Accediendo a través del siguiente código QR, podrás leer un artículo de Lara Olmo (TICbeat) en el que te quedarán claros los conceptos.

3.2.2. CMS según su uso

Los CMS, según para qué se vayan a usar, pueden clasificarse en: los de propósito general, blogs, wikis, gestores de e-commerce o comercio electrónico o gestores de e-learning.

A) De propósito general

Permiten crear portales de múltiples temas. Suelen construirse con una estructura jerárquica para poder categorizar la información. Otra característica común de este tipo de sistemas es la posibilidad de utilizar funcionalidades muy diversas y administrar diferentes tipos de usuario. Dentro de los gestores de este tipo podemos mencionar los siguientes: Plone, CMS Made Simple, Joomla o Drupal.

B) Blogs

Un blog es un diario de navegación por la web donde se realiza una publicación cronológica de noticias. Existen blogs en los que, si el autor lo permite, se pueden comentar las noticias. Existen múltiples herramientas para hacer blogs como Blogger y WordPress. Actualmente, WordPress es uno de los CMS más exitosos, probablemente por su gran versatilidad y por ser de código abierto; además, aunque inicialmente su propósito era los blogs, ha ampliado tanto sus funcionalidades que es usado para construir todo tipo de páginas web. Normalmente, los blogs tienen contenido diverso, aunque cada vez más es frecuente que las empresas tengan blogs corporativos.

C) Wikis

Un sitio donde existen usuarios colaborando en la edición y creación de contenidos recibe el nombre de *wiki*. Las wikis son espacios colaborativos con una interfaz de edición a través de la cual se pueden crear páginas con enlaces que permiten relacionar contenidos. Es posible crear wikis de dos formas:

1. Instalando un software específico de creación de wikis como MediaWiki o PhpWiki.
2. Utilizar una aplicación web como Wikia o Wikihow. En este último caso no es necesario instalar nada en nuestra máquina local sino que a través del servicio podemos construir la wiki.

El exponente máximo de las wikis es la Wikipedia, creada en el año 2001, enciclopedia mantenida por la fundación Wikimedia. Además de la Wikipedia podemos mencionar otros proyectos de la fundación Wikimedia como: Wikilibros, Wikinoticias o Wikiquotes.

PARA SABER MÁS

Con la wiki es posible que un usuario cualquiera usando su navegador pueda tanto acceder a los contenidos como modificarlos. Existen gran cantidad de software wiki en el mercado. Uno de los más usados es MediaWiki, gratuito y escrito en el lenguaje PHP, que es usado en la actualidad en muchos proyectos de Wikimedia.

D) Gestores de e-commerce o comercio electrónico

A través de Internet u otras redes podemos realizar transacciones tanto de compra como de venta de productos o de servicios. Hay CMS cuyo propósito específico es la construcción de sitios web para comercio electrónico. También existen CMS cuyo propósito específico es más general, que permiten añadir módulos con funcionalidades de comercio electrónico, como es el caso del CMS Joomla y de los módulos de JoomShopping, Virtuemart o Hikashop. En cuanto a los CMS específicos de e-commerce podemos destacar: OpenCart, OsCommerce, Shopify, Magento o PrestaShop. PrestaShop es uno de los más utilizados, puesto que tiene una instalación relativamente sencilla, permite la gestión de varias tiendas y en distintos idiomas, y además permite incorporar una cantidad ingente de módulos, muchos de pago, con grandes funcionalidades.

E) Gestores de e-learning

Son CMS a través de los cuales se diseñan sitios web con el propósito de e-learning. Hay diferentes tipos de plataformas o LMS (*learning management system*). El LMS más utilizado es Moodle, específicamente construido para que los profesores puedan diseñar cursos online dentro de un entorno de aprendizaje virtual. Otros ejemplos de gestores de e-learning son Dokeos, Canvas o BlackBoard. Este último es sobre todo usado en ámbitos universitarios y ofrece múltiples servicios y soluciones a los alumnos actuales.

Figura 3.4
E-commerce frente a e-learning.

TOMA NOTA

Además de los LMS existen otros sistemas utilizados en enseñanza online o semipresencial como los EVA (entornos virtuales de aprendizaje) o los LCMS, aplicaciones de software que aúnan funcionalidades de los LMS y los CMS. Es decir con el LCMS es posible administrar los contenidos del LMS, por lo que se pueden considerar la evolución de estos.

3.2.3. ¿Qué CMS elegir?

En función de nuestras necesidades y una serie de factores seleccionaremos un CMS dentro de la amplia gama existente en el mercado. Algunos de los factores que pueden tenerse en cuenta a la hora de elegir un CMS concreto son:

1. *Notoriedad:* generalmente los productos más reputados tienen disponible muchos más plugins y soporte. Por ejemplo, en el caso del CMS Joomla podríamos optar a gran cantidad de extensiones tanto gratuitas como de pago.
2. *Coste:* existen CMS tanto privativos como libres, incluso hay empresas que desarrollan CMS propios para sus clientes.
3. *Migración:* puede ser que necesitemos utilizar a lo largo de la vida de nuestro sitio web un CMS diferente por diversos motivos (funcionalidades, tamaño, etc.). Es un factor importante que debe tenerse en cuenta la posibilidad de exportación de todo nuestro sitio a otra plataforma.

WWW Recurso web

A través del siguiente código QR podrás acceder a un vídeo del grupo Inti que puede ayudarte a elegir qué CMS usar en una situación u otra.

Actividades propuestas

3.2. Crea una wiki utilizando MediaWiki o cualquier otro software de tu elección sobre uno de los módulos que estudias en el curso.

3.3. Realiza un estudio en el que clasifiques diferentes CMS en función tanto de su propósito como del tipo de licencia.

4. *Posibilidad de personalización:* un CMS flexible que permita la personalización hará que los sitios web construidos tengan una identidad propia conforme a los requerimientos de negocio. Muchos CMS permiten la personalización de diferentes componentes, por ejemplo las plantillas del sitio, lo cual permite construir un sitio con personalidad.
5. *Necesidades:* un adecuado estudio de las necesidades evitará que seleccionemos un CMS que no pueda cumplir con los requisitos establecidos.

3.3. Estructura de los CMS

3.3.1. Back-end y front-end

Existe una separación clara entre lo que ve un visitante de un sitio web y la zona donde se construye el sitio web:

1. *Front-end:* parte pública del sitio web, o sea la visión que tienen los usuarios cuando acceden a la web. Dependiendo de diversos factores, por ejemplo permisos de usuarios, puede haber distintas vistas del sitio y se puede restringir el acceso a los contenidos, artículos, enlaces, banners, módulos, etc.
2. *Back-end:* parte restringida a administradores y gestores de la página, aunque también es posible que existan usuarios autorizados. Por tanto, es la denominada zona privada del CMS, donde se realiza la administración de usuarios, se gestiona el contenido, se instalan extensiones, plantillas, idiomas, etc.

Actividad propuesta 3.4

Utilizando Bitnami lanza en la nube un CMS de tu elección y accede tanto al *back-end* como al *front-end*.

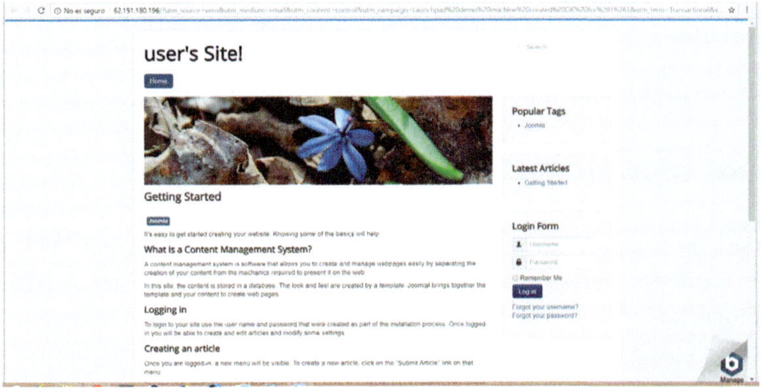

Figura 3.5
Aspecto del *front-end* de un sitio Joomla.

Figura 3.6
Login de acceso al *back-end.*

3.3.2. Elementos CMS

Cada CMS tiene sus propias características, pero existen un conjunto de elementos comunes a todos ellos:

a) *Gestión de redes sociales:* a menudo se necesita que nuestro sitio esté vinculado a las redes sociales. Existen en los CMS la posibilidad de integrar el sitio con diferentes redes sociales e incluso es posible permitir la autenticación en nuestro sitio web con cuentas de redes sociales.
b) *Gestión de temas:* es posible cambiar un tema o plantilla de un CMS o utilizar herramientas para generar plantillas nuevas.
c) *Editor WYSIWYG de contenido:* WYSIWYG es el acrónimo de *what you see is what you get* (lo que ves es lo que obtienes). Por tanto, se puede editar contenido directamente, sin necesidad de usar lenguajes de marcado como HTML.
d) *Editor de menús y categorías:* es importante jerarquizar adecuadamente la información contenida en el sitio. Para ello se realiza la clasificación de la información a través de diferentes categorías. También los menús permiten estructurar el acceso a la información.
e) *Administrador de extensiones y plugins:* incorpora funcionalidades nuevas a través de distintos elementos.

3.3.3. Algunas tecnologías usadas en los CMS

Existe la posibilidad de trabajar directamente en la nube con algunos CMS, tanto a través de Bitnami como de Rollapp; pero, en líneas generales, la mayoría de los CMS necesitan de un entorno donde tengamos:

La mayoría de los CMS suelen utilizar el servidor web Apache. En cuanto a sistemas de gestores de bases de datos es muy frecuente MySQL, aunque algunos usan SQL Server, Oracle o PostgreSQL. Respecto al lenguaje usado, en su inmensa mayoría es PHP. Destacaremos también otros como Java, Perl o incluso Ruby on Rails o Python.

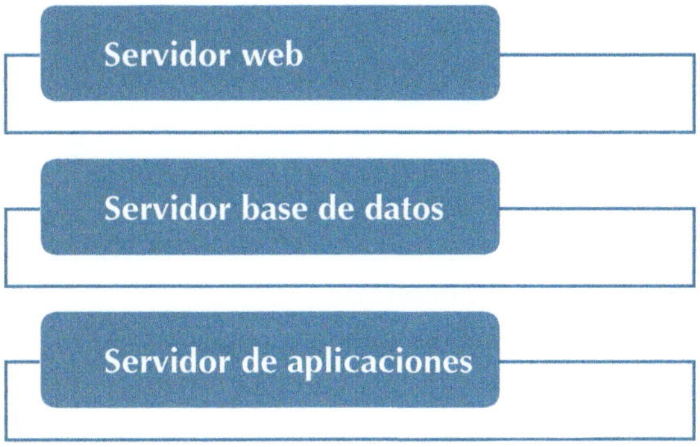

Figura 3.7
Requisitos de un CMS.

TOMA NOTA

Ruby on Rails es un *framework* de desarrollo de aplicaciones web. Está escrito en el lenguaje Ruby. Es posible desarrollar aplicaciones escribiendo menos código que con otros *frameworks* y además permite el trabajo con diferentes servidores web y bases de datos.

Python es un lenguaje interpretado de propósito múltiple muy usado en la actualidad. Se utiliza en diferentes entornos como *Big Data*, inteligencia artificial, en pruebas de software y en desarrollo web.

3.4. Ventajas de utilizar un CMS

Algunas de las ventajas son obvias, como la posibilidad de generar grandes cantidades de contenido en un corto espacio de tiempo y sin tener grandes conocimientos de tecnologías web. Otras de las ventajas que podemos indicar son:

1. *Personalización:* es posible personalizar tanto el entorno del sitio como el diseño de este utilizando las plantillas disponibles. Además, se pueden utilizar lenguajes como CSS o Javascript para programar opciones más avanzadas.
2. *Gestión de usuarios:* a través de las herramientas de administración se permite distintas operaciones a los usuarios en función de la política de administración de estos que decida el *webmaster*.
3. *Versatilidad:* existe en el mercado tantos CMS distintos como necesidades a cubrir. Por tanto, es posible siempre encontrar CMS específicos para comercio electrónico, crear wikis, crear blogs corporativos, blogs personales, etc.
4. *Gestión información:* uno de los puntos fuertes de los CMS es precisamente el trabajo con grandes cantidades de información, estructuradas de manera jerarquizada y ordenada; esto posibilita una buena organización de la información y además permite llevar el control de aspectos como quién la realizó y en qué momento fue publicada.
5. *Gestión de funcionalidades:* se pueden añadir módulos, plugins, extensiones o componentes que añadan funcionalidades concretas a nuestro sitio. Por ejemplo, un contador de visitas, un banner, un calendario, etc.

Resumen

- Actualmente utilizar CMS permite construir un sitio web con múltiples funcionalidades de una forma eficaz y sencilla.
- Existen diferentes clasificaciones de los CMS. Las más extendidas están en función de su uso y del tipo de licencia.
- Los CMS ofrecen muchas ventajas para construir sitios web frente a otro tipo de desarrollo en el que se utilice lenguajes clásicos de marcado. Entre esas ventajas podemos destacar la posibilidad de administrar usuarios, la facilidad de uso y la posibilidad de añadir múltiples funcionalidades.
- Los elementos que componen los CMS son los temas, los editores de textos y las redes sociales
- Las tecnologías utilizadas en los CMS engloban tres tipos de servidores: bases de datos, aplicaciones y web.
- Para poder decantarnos por un CMS u otro tenemos que tener en cuenta aspectos como: la notoriedad, el coste económico y las posibilidades de migración y de personalización.

Práctica guiada

Dentro de los diferentes tipos de CMS que hemos estudiado, existen algunos con propósito específico de creación de blogs. Con ese tipo de CMS no es necesario conocimientos técnicos para poder crear un espacio web, pero en contra no es posible realizar demasiadas personalizaciones y las URL no son propias.

Uno de los más utilizados es Blogger, tanto por su sencillez como por su integración con las herramientas de Google. Si dispones de una cuenta de Gmail en un corto espacio de tiempo puedes crear un blog de tu elección. Vamos a crear un blog sobre implantación de aplicaciones web (aunque puedes elegir cualquier otra temática de tu elección)

[PASO 1] Inicia Blogger (www.blogger.com). Haz clic en Iniciar sesión para ingresar tu cuenta de correo.

[PASO 2] Selecciona Crear nuevo blog para empezar a trabajar en tu espacio web. Puedes poner el título, la dirección y elegir un tema. No olvides hacer clic en Crear blog.

[PASO 3] Una vez creado el blog en la parte izquierda de la ventana tenemos las diferentes opciones que nos permiten, entre otras cosas, crear entradas, crear páginas, cambiar diseño y temas, y modificar la configuración.

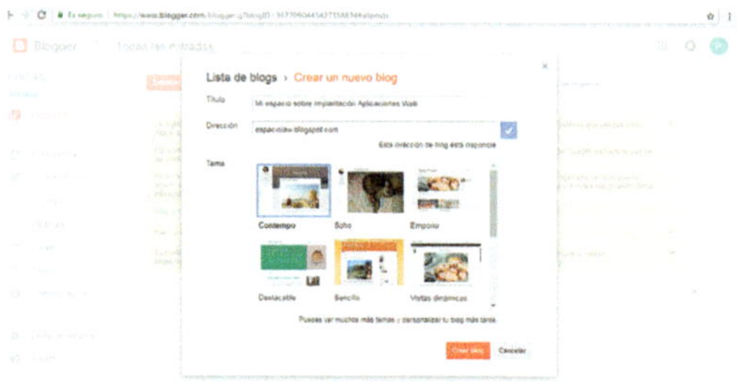

Figura 3.8
Crear un nuevo blog.

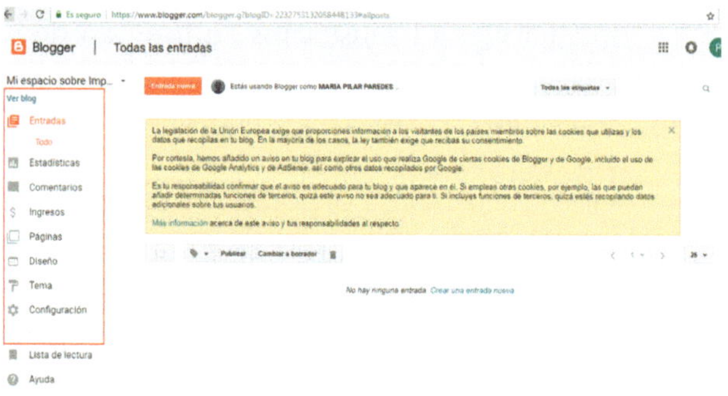

Figura 3.9
Menú opciones de Blogger.

[PASO 4] Vamos a crear la primera entrada de nuestro blog, que va a contener una breve descripción del módulo, un link al real decreto del título y un enlace a un vídeo de YouTube. Para poder añadir estas opciones en la entrada existe una barra de menú con opciones de formato similares a la de un procesador de texto. También es posible modificar la configuración de la entrada: añadir etiquetas, programar, ubicación… Una vez finalizada la edición de la entrada se puede optar por publicarla directamente, guardarla o ver una vista previa. Podemos crear tantas entradas como deseemos:

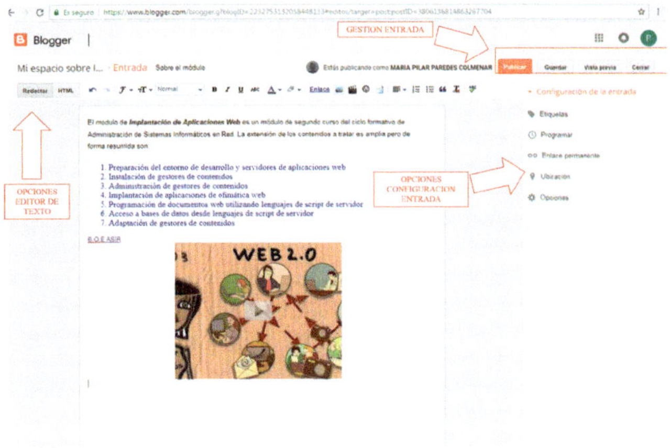

Figura 3.10
Creación y gestión de entradas.

[PASO 5] Repite el proceso de creación de entradas de manera que crees, al menos, cuatro más. No olvides añadir distintos elementos y dar un formato adecuado al texto.

[PASO 6] Es el momento de modificar el diseño del blog y añadir diferentes gadgets. Los gadgets no son más que pequeñas aplicaciones para dotar de funcionalidades específicas a otro programa, como puede ser cuadros de búsqueda, cabecera de página, lista de enlaces, entradas populares, etiquetas, etc.

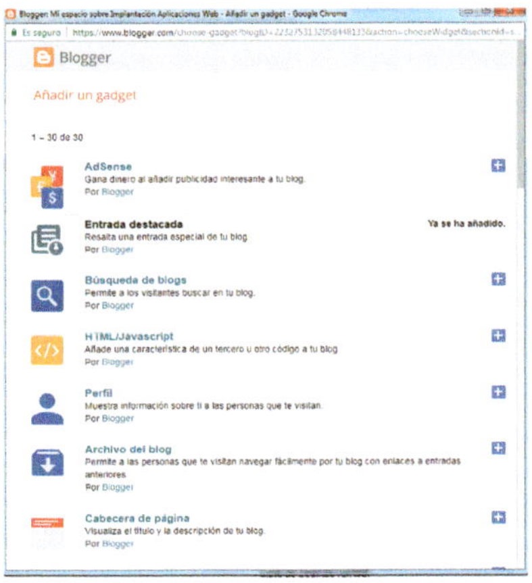

Figura 3.11
Ventana Añadir un gadget.

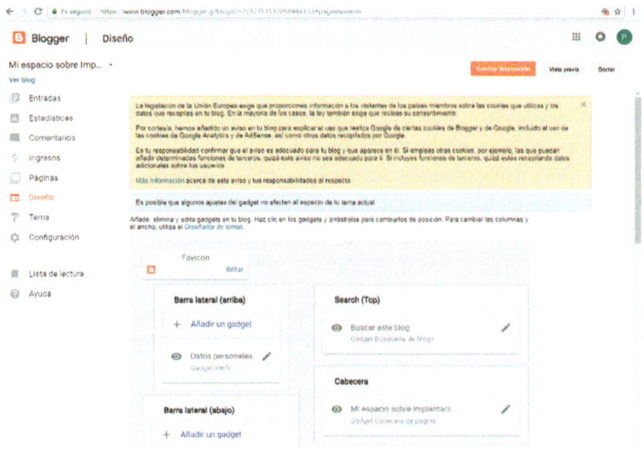

Figura 3.12
Aspecto de la ventana Diseño.

Vamos a añadir los gadgets de Entradas populares y Búsqueda de blogs.

Cambiando la disposición de los elementos se modifica la apariencia. Cuando finalices puedes ver cuál es el aspecto final y guardar la disposición si te agrada el resultado final.

[PASO 7] Vamos a crear dos páginas para poder organizar la información en pestañas. Desde la opción de menú páginas procedemos a realizarlas y a publicarlas. Para poder visualizar las páginas es necesario añadir al blog el gadget Páginas.

[PASO 8] Podemos ver el aspecto del blog, que en función de las opciones escogidas en el diseño y el tema seleccionado podrá ser semejante a este:

Figura 3.13
Creación de una página.

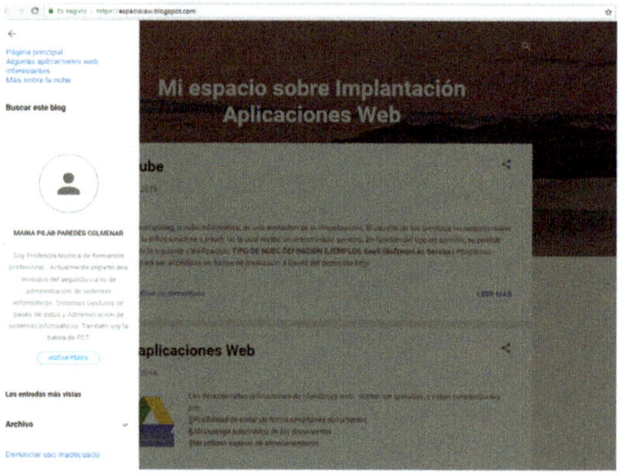

Figura 3.14
Aspecto final del blog.

Práctica propuesta

Prestashop es una de las soluciones de comercio electrónico más usadas en la actualidad. Permite crear una tienda de comercio electrónico de manera ágil y sencilla. Es un software escritor en PHP que utiliza el sistema gestor de base de datos MySQL. Prueba a crear una pequeña tienda de comercio electrónico sobre productos informáticos.

Puedes utilizar el *stack* de Bitnami para ello: https://bitnami.com/stack/prestashop o bien visitar su página web donde puedes encontrar ayuda para poder crear una sencilla tienda online (http://demo.prestashop.com/es/?view=front).

Según la información ofrecida en su página web Prestashop, tiene el siguiente propósito: "Nuestra misión es que todo el mundo pueda tener una página web de venta online de éxito. Con la colaboración de nuestra comunidad, desarrollamos un software e-commerce *open source*". Con más de un millón de usuarios, PrestaShop es actualmente una de las plataformas de venta online más utilizadas en el mundo.

Recurso web

WWW

Accede a un vídeo de Profesional Hosting, que te puede ayudar a trabajar con Prestashop, a través de este código QR.

ACTIVIDADES DE AUTOEVALUACIÓN

1. Una posible definición de CMS es:
   - ☐ *a)* Una nube de contenidos en Internet.
   - ☐ *b)* Un programa para poder administrar el correo electrónico.
   - ☐ *c)* Programa a través del cual se crea una estructura de soporte para la creación y administración de contenidos web.
   - ☐ *d)* Ninguna de las opciones anteriores es correcta.

2. Los CMS tienen dos partes muy diferenciadas. ¿Cómo se llama la parte pública?
   - ☐ *a)* *Back-end.*
   - ☐ *b)* *Center-end.*
   - ☐ *c)* *inFront-end.*
   - ☐ *d)* *Front-end.*

3. ¿Qué es un gadget?
   - ☐ *a)* Una programa para cambiar los colores y la fuente de un blog.
   - ☐ *b)* Una aplicación para integrar bases de datos.
   - ☐ *c)* Una pequeña aplicación que permite añadir funcionalidades a un blog.
   - ☐ *d)* Una pequeña aplicación para poder realizar presentaciones gráficas.

4. Cuando se publica una entrada en Blogger:
   - ☐ *a)* Se publica directamente.
   - ☐ *b)* Se puede optar por dejarla en borrador, publicarla o programar la publicación.
   - ☐ *c)* No es posible publicar entradas en Blogger.
   - ☐ *d)* Ninguna de las opciones anteriores es correcta.

5. Una posible clasificación de los CMS en función de su propósito es:
   - ☐ *a)* Orientados a blogs, comercio electrónico, wikis, propósito general, e-learning.
   - ☐ *b)* Privados, públicos.
   - ☐ *c)* Orientados al servicio y de licencia creativa.
   - ☐ *d)* Todas las opciones anteriores son correctas.

6. Joomla es:
   - ☐ *a)* Un software freeware que puede ser descargado con una versión *trial* de 30 días.
   - ☐ *b)* Un software de código abierto que se puede descargar, instalar y modificar libremente y se puede utilizar sin restricciones, tanto para uso personal como comercial.
   - ☐ *c)* Un software privativo, por lo no se puede utilizar sin restricciones.
   - ☐ *d)* Un programa de ofimática web.

7. Para poder probar distintos CMS sin necesidad de instalarlos podemos:
   - ☐ *a)* No es posible probar sin instalar.
   - ☐ *b)* Utilizar XAMPP.
   - ☐ *c)* Utilizar Bitnami.
   - ☐ *d)* Utilizar Lazysong.

8. Las wikis pueden ser definidas como:
   - ☐ *a)* Un espacio personal donde compartir contenidos en Internet.
   - ☐ *b)* Un espacio donde compartir contenidos con otros usuarios y colaborar en la edición de estos.
   - ☐ *c)* Un elemento organizativo para clasificar la información.
   - ☐ *d)* Un elemento que permite taxonomía en los blogs.
9. Prestashop es un CMS que está clasificado en la categoría de:
   - ☐ *a)* Foros.
   - ☐ *b)* Wikis.
   - ☐ *c)* E-learning.
   - ☐ *d)* Comercio electrónico.
10. Las siglas LMS corresponden a CMS de tipo:
    - ☐ *a)* Blogs.
    - ☐ *b)* Gestores de e-learning.
    - ☐ *c)* CMS orientados al comercio electrónico.
    - ☐ *d)* No existen CMS con esas siglas.

SOLUCIONES:

1.	a	b	**■c**	d	**5.**	**■a**	b	c	d					
2.	**■a**	b	c	d	**6.**	a	**■b**	c	d	**9.**	a	b	c	**■d**
3.	a	b	**■c**	d	**7.**	a	b	**■c**	d	**10.**	a	**■b**	c	d
4.	a	**■b**	c	d	**8.**	a	**■b**	c	d					

4

Instalación de un gestor de contenidos

Objetivos

- ✓ Aprender a instalar un gestor de contenidos.
- ✓ Distinguir las distintas formas de instalación.
- ✓ Realizar diferentes formas de instalación.
- ✓ Conocer los términos relacionados con un gestor de contenidos.
- ✓ Realizar las labores básicas de configuración de un gestor de contenidos.

Mapa conceptual

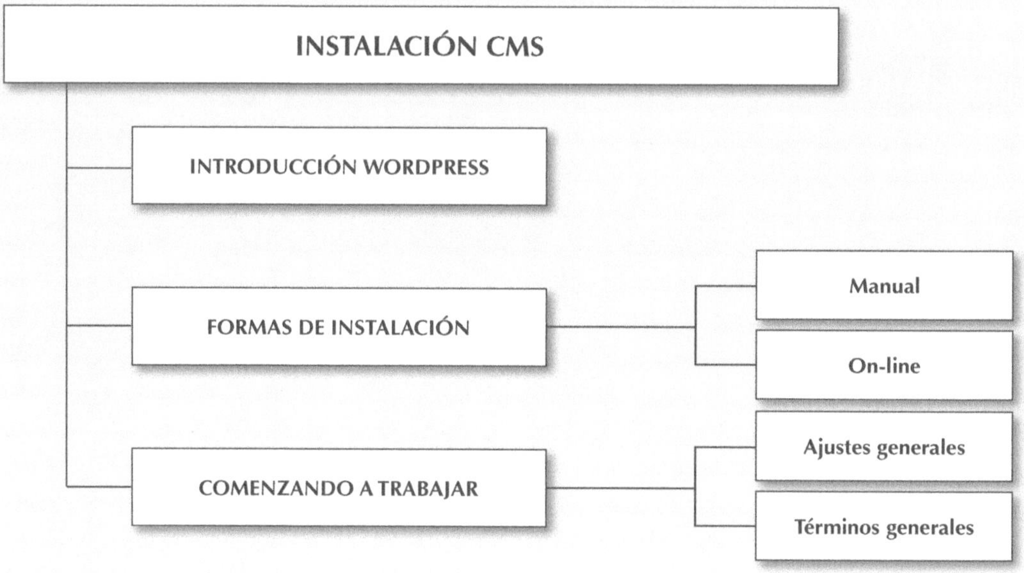

Glosario

Backups. Copias de respaldo o copias de seguridad. Procedimientos informáticos que protegen y conservan la información ante posibles contingencias.

Hosting. Servicio de alojamiento de información de contenidos que proporcionan las empresas a los usuarios de Internet para que estos sean accesibles vía web.

Lenguaje de programación. Lenguaje no natural utilizado para poder construir programas.

Portfolio. Documento donde se expone la información relevante sobre los productos o servicios ofrecidos por una empresa.

Posicionamiento web. Técnicas usadas para mejorar la ubicación de los sitios web en la lista de resultados de los distintos buscadores.

Restore. Restauración de la información tras una posible contingencia.

SEM *(search engine marketing)*. Técnica para promocionar sitios webs a través del pago de anuncios en los distintos buscadores.

SEO friendly *(search engine optimization friendly)*. Técnicas aplicadas en la construcción de un sitio web con el objeto de mejorar su posición en el ránking de buscadores y con ello su visibilidad dentro de Internet.

SMTP *(simple mail transfer protocol)*. Protocolo que posibilita enviar correos electrónicos a través de la Red.

VPS *(virtual private server).* División en distintos servidores independientes de un único servidor físico.

Website. Espacio que agrupa páginas con un propósito común.

4.1. Introducción

Como ya sabemos, un CMS ofrece muchas ventajas a la hora de crear un sitio web. Entre otras, permiten realizar websites de manera ágil y con relativa sencillez, y permitir la administración de usuarios. Muchos CMS permiten desarrollos rápidos sin necesidad de programar ni una sola línea de código, aunque para funcionalidades complejas sería preciso utilizar algún lenguaje de programación.

Existen múltiples CMS con diferentes propósitos y funcionalidades, pero la mayoría de los sitios web utilizan los mismos CMS. Entre los tres más empleados están WordPress, Joomla y Drupal. Todos ellos comparten la característica de ser modulares, de código abierto y desarrollados en lenguaje PHP. Además, sus procesos de instalación son muy similares y, en principio, ninguno necesita de conocimientos de programación para crear un sitio web.

Recurso web www

Para conocer información completa sobre un sitio web como, por ejemplo, en qué CMS está construido, cuál es su proveedor de hosting o cuál la tecnología que usa el servidor, podemos utilizar la herramienta online ofrecida por la siguiente página: https://builtwith.com/

Cada CMS tiene sus propias peculiaridades. Para decantarnos por uno u otro, hay que tener en cuenta diferentes factores. La popularidad puede ser determinante a la hora de elegir uno u otro.

En la página oficial de w3techs está la estadística de utilización de los diferentes CMS. Se observa como WordPress es usado en el 31,1% de los websites (figura 4.1).

Actividad propuesta 4.1

Visita la página web https://w3techs.com/technologies/overview/content_management/ally, clica en los distintos apartados de Technologies y responde: ¿Cuáles son los servidores web más utilizados y cuáles son los lenguajes del lado del servidor y del lado del cliente más usados?

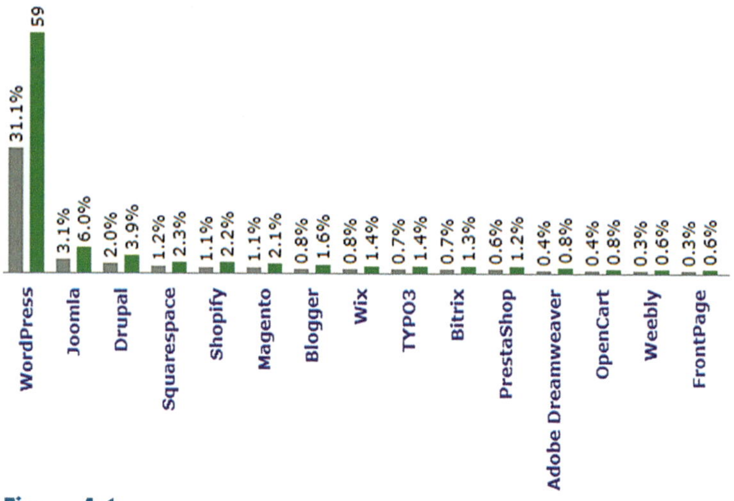

Figura 4.1
Estadísticas de usos de los distintos CMS. Los valores grises representan el porcentaje del uso absoluto del CMS y los valores verdes la cuota de mercado.
Fuente: https://w3techs.com/

Debido a su popularidad y a sus múltiples funcionalidades, WordPress será el CMS que estudiaremos a continuación con mucho más detalle.

4.2. Introducción a WordPress

WordPress inicialmente era un CMS orientado a blogs o bitácoras. Una buena definición de blog la encontramos en la Wikipedia: "Es un sitio web que incluye, a modo de diario personal de su autor o autores, contenidos de su interés, que suelen estar actualizados con frecuencia y a menudo son comentados por los lectores".

Actualmente es posible crear tanto sitios web con diferentes propósitos como crear un blog o una combinación de ambas cosas. Otros aspectos que destacar son:

1. *Es open source*, lo que implica que es posible realizar la modificación o adaptación del código según las necesidades existentes.
2. *Comunidad activa de colaboradores.* Por su carácter abierto existe gran cantidad de colaboradores que aportan soluciones a los problemas encontrados y realizan continuas mejoras.
3. *Amplias posibilidades de personalización.* Es posible modificar el diseño utilizando plantillas, tanto libres como de pago, y usar múltiples plugins que dotan de gran funcionalidad al sitio web.
4. *Fácil administración.* Dispone de un panel sencillo e intuitivo.
5. *Versátil.* Apto para diferentes idiomas y usuarios.
6. *Posicionamiento web.* WordPress, a través de diferentes plugins, permite que las páginas estén optimizadas y por tanto tengan una mejor posición en las búsquedas de Google. WordPress, por tanto, puede definirse como SEO friendly.

El sitio oficial de WordPress está alojado en la URL https://es.WordPress.com/

Actividad propuesta 4.2

Una curiosidad sobre WordPress es que el nombre de sus versiones corresponde a músicos de *jazz*. Realiza una pequeña tabla con la equivalencia entre los nombres de los músicos de *jazz* y las diferentes versiones de este CMS.

4.3. Instalación de WordPress

WordPress, al igual que el resto de los CMS, es empleado con el objeto de generar gran cantidad de información, que será organizada convenientemente a través de una estructura jerárquica. Todo CMS, independientemente de cuál sea su tipo, necesita un sistema gestor de base de datos donde será almacenada la información generada y un servidor web para poder administrar las páginas del sitio. En el caso de WordPress los requerimientos son que el servidor web tenga PHP y que el servidor de base de datos sea MySql o MariaDB. Además, si queremos que nuestro sitio sea visible en Internet, tendremos que contratar un servicio de hosting con algunas de las múltiples empresas existentes en el mercado.

TOMA NOTA

Git es un software de control de versiones. Los sistemas de control de versiones permiten realizan una gestión ordenada sobre los cambios que se realizan sobre un determinado producto. Se llaman repositorios a los espacios donde se almacena el código de un programa.

Ejemplos de empresas de hosting pueden ser *Hostinet, 1 &1* o *Bluehost*. Los proveedores de hosting proporcionan no solo espacio de almacenamiento sino otros servicios como, por ejemplo, repositorios Git o herramientas para copias de seguridad. Desde la página oficial de WordPress tenemos la posibilidad de crear rápidamente un atractivo sitio web.

Antes de comenzar a trabajar con WordPress tendemos que decidir si queremos realizar el proceso de instalación de forma totalmente manual o trabajar online (figura 4.2).

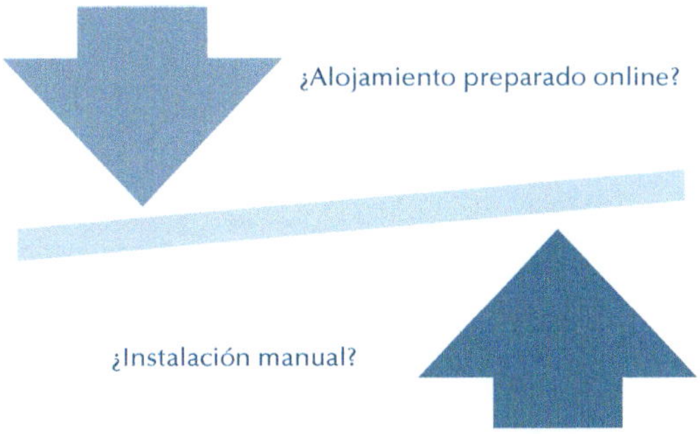

Figura 4.2
Tipos de instalación de WordPress.

WWW

Recurso web

Como vamos a ver, si tienes contratado un servicio de hosting es posible instalar WordPress. En el vídeo al que enlazarás a través del siguiente código QR, Javier Balcázar explica cómo realizar la instalación, tanto manual como automática.

4.3.1. Instalación online de WordPress

Para realizar la instalación online de WordPress se han de seguir los pasos que se detallan a continuación:

1. Una vez en el sitio oficial de WordPress tendremos que hacer clic en el botón Empieza ahora.
2. Se iniciará un proceso de cuatro pasos guiados donde tendremos que ir configurando los aspectos esenciales del sitio. En el primer paso decidiremos tanto el nombre como el objetivo principal, aunque podremos cambiar posteriormente ambos datos.
3. Cuando se aloja en un servidor un sitio web es necesario asignarle una dirección única para que pueda ser localizado y visualizado a través de los navegadores. A esta dirección única asociada a un sitio web se le denomina *URL* (*uniform ressource locator*, localizador uniforme de recursos).
4. Elegida la URL tendremos que optar por los distintos planes existentes.

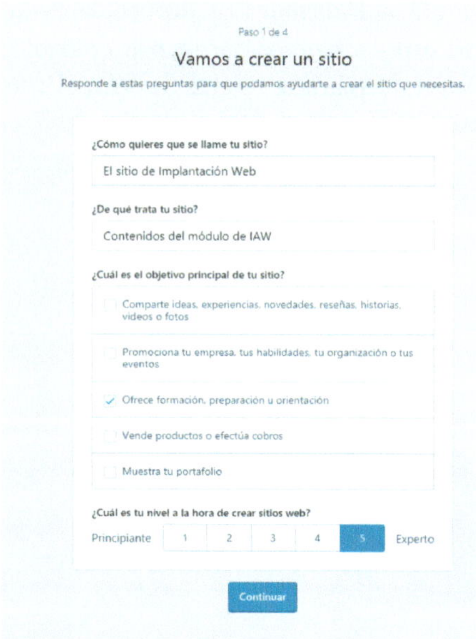

Figura 4.3
Configuración inicial de un sitio web.

Figura 4.4
Elección de un plan a tu medida.

5. A continuación habremos de decidir si conectar con nuestro perfil de Google o bien crear una cuenta a partir de una dirección de correo que tengamos.
6. Al continuar el proceso tendremos acceso a la pantalla de Administración de WordPress (figura 4.5), donde podremos seguir un conjunto de pasos guiados para construir nuestro sitio web.
7. Es el momento de ir completando las distintas tareas. En cualquier momento es posible editar las tareas completadas con objeto de modificarlas. Finalizadas las tareas el sitio podrá ser compartido a través de distintas redes sociales como Facebook. El aspecto de la ventana con las tareas completadas es similar a la figura 4.6.

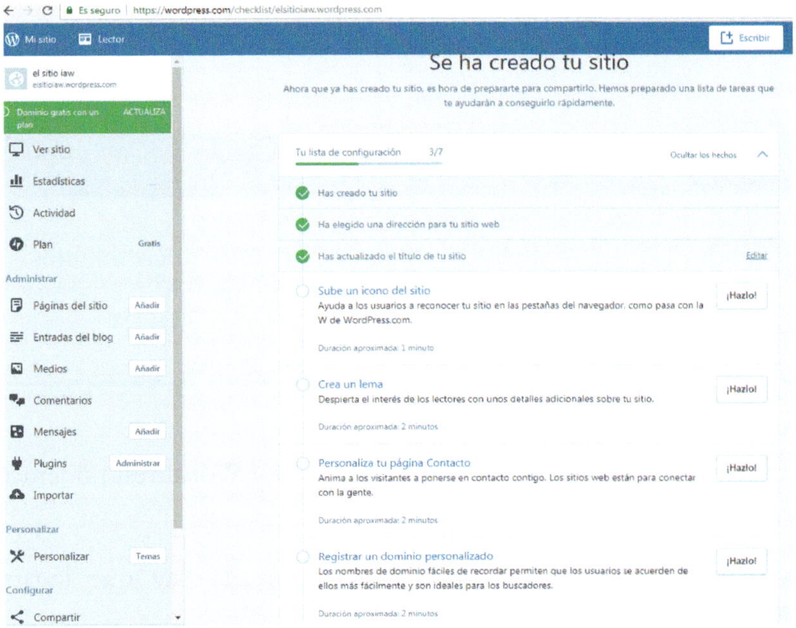

Figura 4.5
Aspecto de la administración del sitio creado.

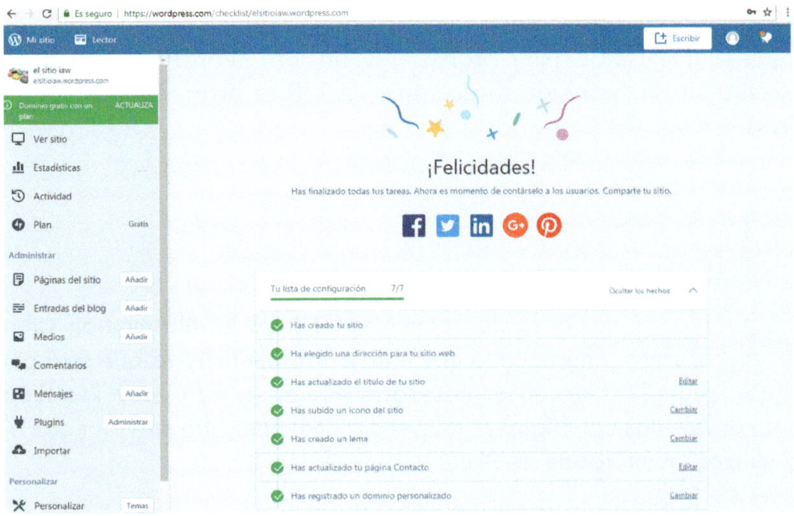

Figura 4.6
Lista de tareas completada.

4.3.2. Instalación manual de WordPress

Una instalación manual permitirá un control completo sobre nuestro sitio web y la posibilidad de personalizarlo completamente según las necesidades existentes. Desde la página oficial de WordPress puedes crear una cuenta de usuario con tus datos y conectar tu perfil de Google.

Además, para realizar la instalación manual tenemos que tener en cuenta los siguientes requisitos (según la página oficial de WordPress). Para ejecutarlo, se recomienda que el host soporte:

- PHP versión 7.2 o superior
- MySQL versión 5.6 o superior, o MariaDB versión 10.0 o superior
- Soporte HTTPS (recomendado Apache o Nginx)

WWW

Recurso web

WordPress es famoso por su anunciada instalación en solo cinco minutos. Aunque el proceso de instalación es sencillo en la siguiente URL, a la que accederás a través del siguiente código QR donde tienes una guía de ayuda.

Una vez comprobados los requerimientos indicados por WordPress podemos comenzar un sencillo proceso guiado que consta de los siguientes pasos:

1. Usando la cuenta de usuario anteriormente creada hay que logarse en https://WordPress.com/log-in/es.
2. Una vez que el entorno de trabajo lo tenemos disponible, el siguiente paso es acceder al apartado de descargas de la página oficial de WordPress: https://es.WordPress.org/download/.
3. En esta sección están disponibles los diferentes archivos de descarga.
4. Terminada la instalación para probar que nuestro WordPress funciona solo es necesario escribir en la barra de direcciones la URL: http://nombredemiservidor.com/WordPress.

RECUERDA

✓ WordPress guarda en una base de datos MySQL toda la información sobre los sitios web que se creen y necesita también un intérprete PHP, ya que está programado en ese lenguaje. Pero no es necesario que el servidor web sea Apache, funciona sin problemas con Nginx, LiteSpeed o cualquier otro servidor con el que se puede utilizar un intérprete de PHP.

Actividad propuesta 4.3

Descarga WordPress desde su página oficial y documenta el proceso de instalación.

4.3.3. Instalación de WordPress en un hosting

Podemos encontrarnos en la red multitud de hosting tanto gratuitos como de pago. A modo de ejemplo, vamos a ver los pasos básicos que tendríamos que seguir para utilizar WordPress en uno de los múltiples hosting existentes: Hostinger. Según la información ofrecida en su página web (https://www.hostinger.es/), "Hostinger es un servicio de Hosting WordPress Premium, pero barato, sin los precios irrazonables. Con tres paquetes web para elegir, junto con nuestro programa de garantía 100% sin riesgo, puedes usar Hostinger con confianza".

El proveedor ofrece otros servicios tales como *cloud hosting* o servidor virtual privado.

Vamos a suponer que tenemos contratado un plan de hosting web en Hostinger. Inicialmente, tendremos que realizar los siguientes pasos:

1. Configurar datos básicos del proveedor.
2. Comprar el dominio (si lo deseamos).
3. Seleccionar la URL.
4. Crear una cuenta de administrador.

Completados los pasos anteriores ha llegado el momento de añadir información extra sobre nuestro futuro sitio web como el idioma y el título. Nuestro sitio tendrá como objetivo presentar un portfolio sobre este módulo, Implantación de aplicaciones web.

- ✓ Dominio: iawsintesis.tech
- ✓ Nombre del sitio: "La síntesis de Implantación de aplicaciones web"

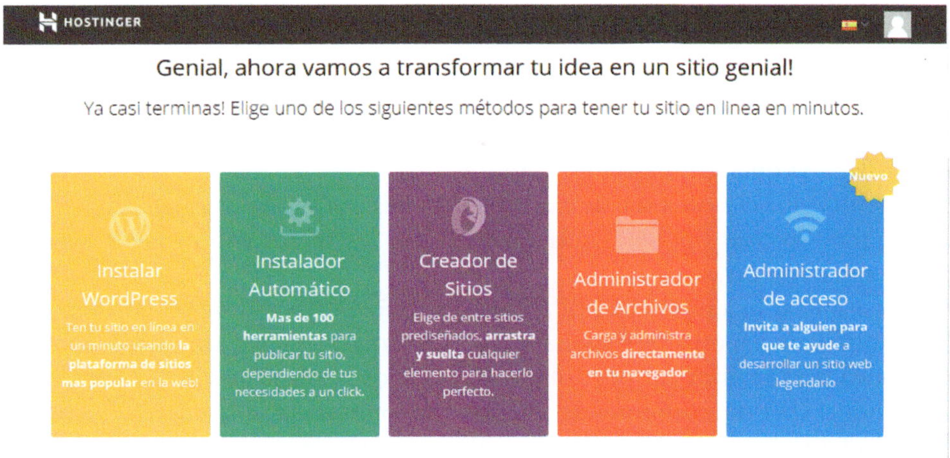

Figura 4.7
Creación del sitio WordPress.

Seguiremos, además, las siguientes consideraciones:

1. Nuestro proveedor, Hostinger, nos mostrará ahora la pantalla que se ve en la figura 4.7.
2. Seleccionaremos la primera opción Instalar WordPress y en unos minutos la instalación será realizada por parte de nuestro proveedor de Hosting. Al finalizar la instalación veremos una pantalla con información referente a la versión instalada, el nombre de dominio y tres botones. El botón WPADMIN nos permitirá acceder al panel de administración de nuestro sitio.

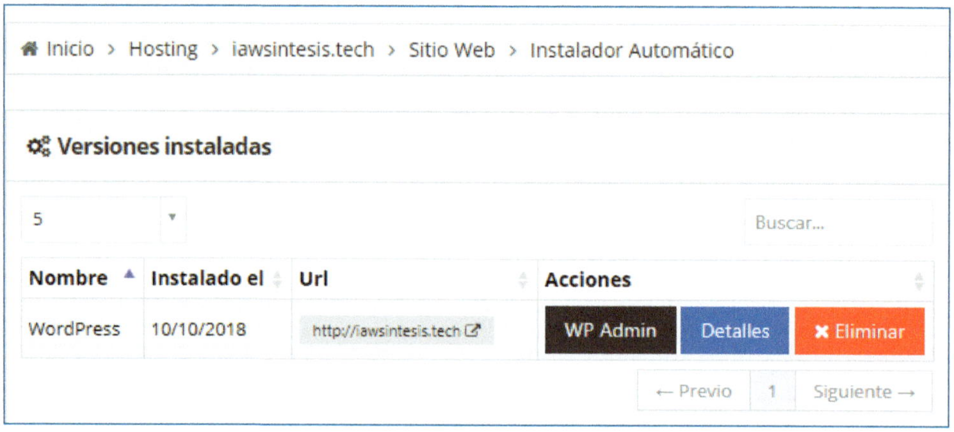

Figura 4.8
Información del instalador automático.

3. Haremos clic en el botón WPADMIN e ingresaremos en el *back-end* usando nuestro nombre de usuario o el e-mail. Ha llegado el momento de comenzar a trabajar. Observaremos un menú situado en la parte izquierda de la ventana. Allí hay opciones, entre otras, para poder:
   - Gestionar páginas.
   - Administrar comentarios.
   - Administrar usuarios.
   - Gestionar entradas.

4. Vamos, por ejemplo, a añadir una nueva página. En la pantalla observaremos una ventana similar a la que se muestra en la figura 4.9.
5. Trabajemos ahora con otra de las opciones del Panel: Apariencia. En esta entrada se configuran diversas opciones relacionadas con los temas, los widgets, los menús y las cabeceras, entre otras.
6. Vamos a aplicar una nueva plantilla a nuestro sitio. De las múltiples existentes elegiremos la denominada One Page Express. Tiene una sola página y, aunque es multipropósito, es idónea para realizar un portfolio. Instalaremos la plantilla y la activaremos. Además, se recomiendan un conjunto de plugins que siempre es conveniente activar, como el llamado Contact form. Este plugin permite, entre otras cosas, gestionar múltiples formularios de contacto y personalizar tanto el formulario como el correo. Nuestro sitio ahora tendría el aspecto de la figura 4.10.

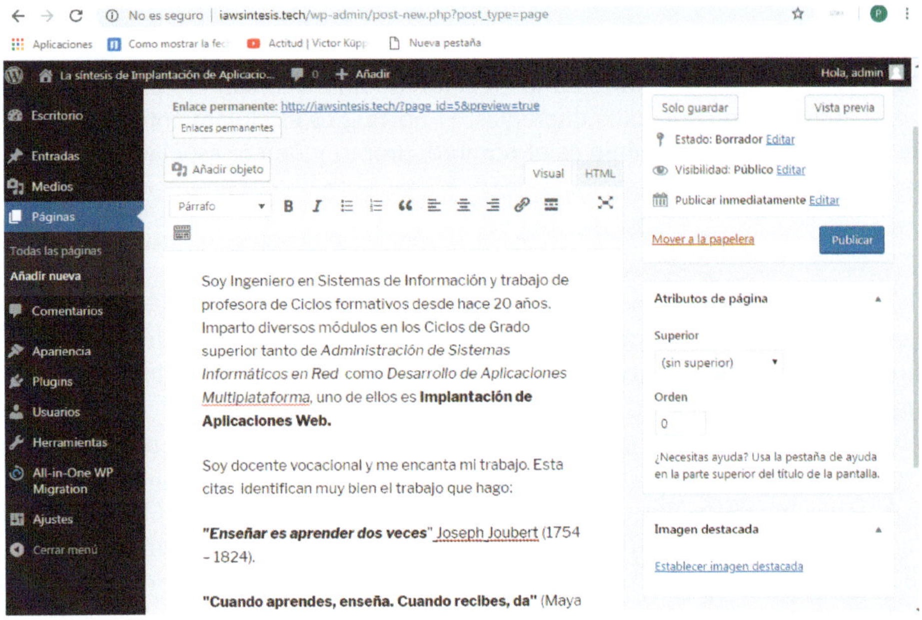

Figura 4.9
Aspecto del panel de administración de WordPress.

7. Hasta conseguir finalizar el sitio para que tenga tanto el aspecto como las funcionalidades que se deseen es posible realizar múltiples modificaciones. Siguiendo con nuestro ejemplo cambiaremos:

   - ✓ La posición y el contenido del título.
   - ✓ Los contenidos de los subtítulos y de los botones.
   - ✓ Los nombres de los elementos de menú.
   - ✓ La imagen de fondo del sitio.
   - ✓ Podríamos obtener un *front-end* similar al de la figura 4.11.

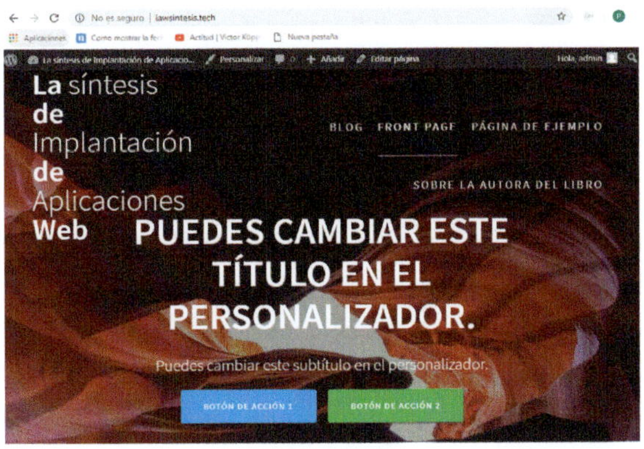

Figura 4.10
Aspecto del sitio con la plantilla One Page Express.

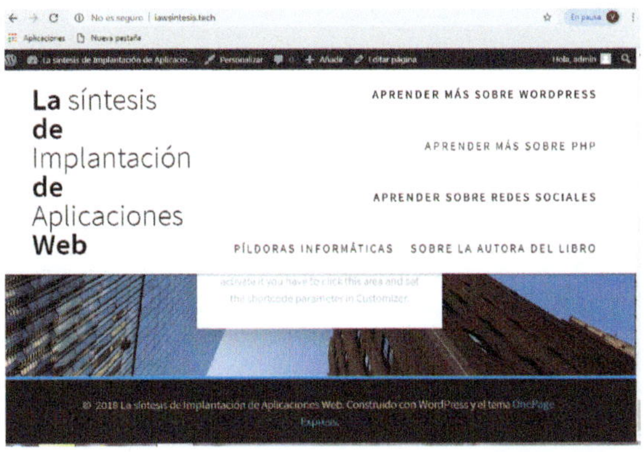

Figura 4.11
Sitio personalizado.

8. Continuaremos con el proceso de configuración hasta alcanzar nuestro objetivo final.

TOMA NOTA

Dos aspectos imprescindibles en la creación de una web son el hosting y el dominio. Son conceptos diferentes. El hosting es el alojamiento de las páginas web y el dominio es el nombre, propio y único, asociado a tu sitio en Internet.

A lo largo del proceso es sumamente importante realizar copias de seguridad para asegurar la disponibilidad del contenido del sitio ante cualquier posible contingencia. Uno de los plugins que podemos utilizar es All-in-One-Wp-Migration, cuya versión gratuita tiene restricción de tamaño. Permite crear una copia de seguridad o una clonación del sitio dentro de nuestro proveedor de hosting. Desde el panel de administración haremos clic en el opción All-in-One-Wp-Migration y seleccionaremos la opción Copias de seguridad. Terminada la copia de seguridad la tendremos disponible en el administrador de archivos del proveedor de hosting. En nuestro caso obtendríamos una vista preliminar similar a la figura 4.12.

Desde el administrador podrá optar entre descargar la copia de seguridad, eliminarla o subirla a la nube.

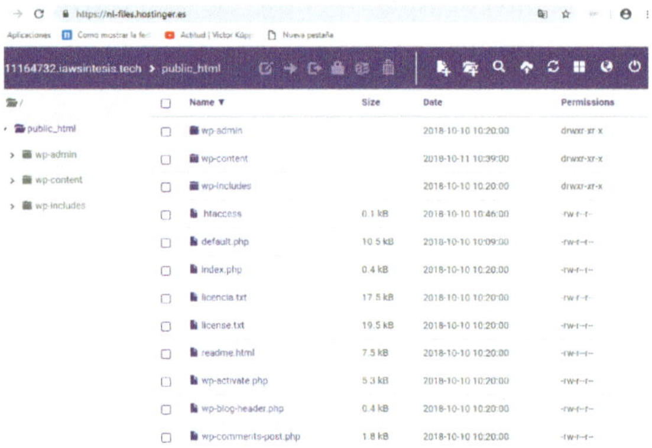

Figura 4.12
Aspecto del administrador de archivos.

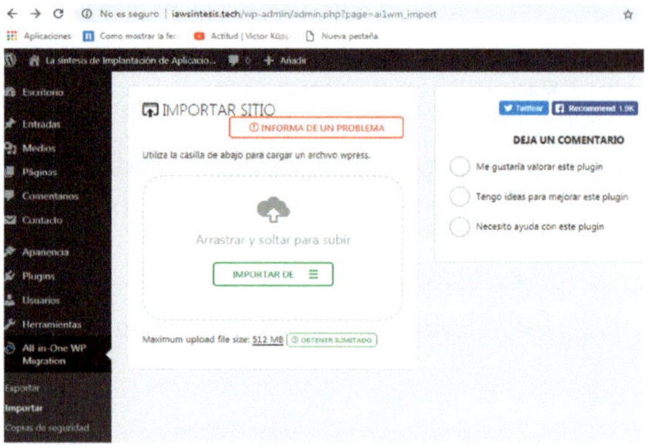

Figura 4.13
Restaurar copia de seguridad.

PARA SABER MÁS

Si lo que necesitas es clonar tu sitio para, por ejemplo, realizar diversas pruebas, lo puedes hacer con el plugin All-in-One-Wp-Migration también. A través de este código web podrás acceder a un vídeo de Webempresa.com en el que puedes ver cómo se realiza la clonación.

Para realizar la restauración de la copia simplemente es necesario arrastrarla a la ventana de Importar sitio de All-in-One-Wp-Migration.

4.4. Comenzar a trabajar con WordPress

Independientemente de la manera de instalación por la que se ha optado, siempre se debe tener en cuenta que, para acceder al *back-end* en la barra de direcciones del navegador, habrá que escribir la URL del sitio seguido de */wp-admin*. Aparecerá una pantalla donde hay que logarse con el nombre de usuario o correo electrónico, y por supuesto la contraseña que fue escrita durante el proceso de instalación.

Observaremos el panel de administración, que antes ha sido estudiado en el ejemplo de la instalación de WordPress en un hosting. En la parte izquierda de la ventana de dicho panel tendremos un menú lateral; en el menú existen diversos apartados que se van desplegando en otros subapartados con opciones para poder trabajar en la configuración del sitio web.

4.4.1. Ajustes generales de WordPress

Hemos estudiado ya algunas opciones del panel de Administración. Los ajustes más habituales referidos al nombre del sitio, la zona horaria, la fecha, etc. se pueden realizar también en el panel de administración a través del menú de Ajuste. Esas opciones están en el cuadro 4.1.

CUADRO 4.1
Opciones más comunes del menú Ajustes de WordPress.

Opción	Permite
Generales	1. Poner título y descripción a la web. 2. Asociar un correo electrónico a la página. 3. Seleccionar la zona horaria.
Escritura	Parámetros relacionados con la forma de escribir en la web. Por ejemplo, asignar una categoría por defecto a las entradas.
Lectura	Permite asignar cuál es la página inicial del sitio.
Opciones de comentarios	Permitir o no que los visitantes del sitio puedan comentar.
Enlaces permanentes	Es importante que nuestro sitio web esté bien posicionado. Para ello en este apartado se puede decidir que las URL de las secciones del sitio sean amigables. O sea, habrá que tener en cuenta la incorporación de ciertas palabras clave al crear las diversas entradas, con objeto de mejorar la posición dentro de las posibles búsquedas que hagan los usuarios.

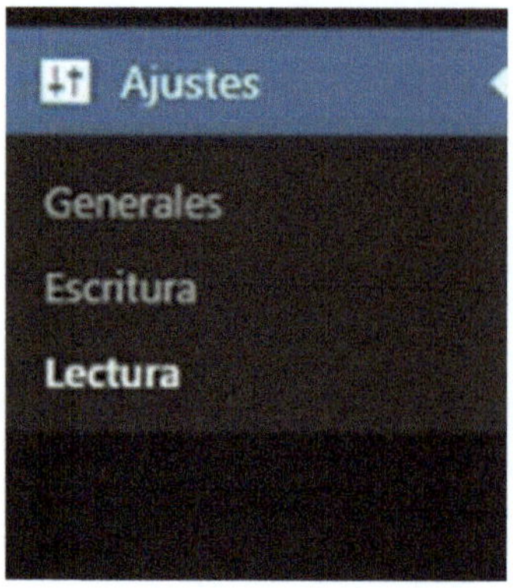

Figura 4.14
Menú Ajuste.

4.4.2. Términos generales de WordPress

El panel de administración tiene otras muchas entradas que iremos aprendiendo en siguientes apartados. Para entender mejor las distintas funcionalidades de la administración de WordPress hay que conocer los siguientes términos:

1. *Post o entrada:* nombre que identifica a una publicación. Un post tiene asociado su fecha exacta de publicación. Para identificar una entrada hay que darle un título; tendrá además contenido que poder ser tanto texto como todo tipo de elementos multimedia. Las entradas se crean de la siguiente manera: Entradas>Añadir nueva, y se abrirá un editor de texto.
2. *Home page o página de inicio:* página mostrada cuando el usuario accede a la raíz del sitio web.
3. *Comments o comentarios:* estos son los textos que los lectores del blog pueden incorporar para publicar sus propias opiniones sobre cada entrada.
4. *Categorías y etiquetas:* para poder agrupar los contenidos de las entradas bajo un nombre común se utilizan las categorías. Sin embargo, los tags o etiquetas son palabras clave asignadas a los posts que permiten a los lectores encontrar posts relacionados con esas palabras.
5. *Taxonomía:* componente que permite la agrupación de entradas en base a un determinado concepto.
6.. *Menús:* elemento organizativo del contenido de una web.
7. *Links o enlaces:* mediante los enlaces es posible realizar vínculos a direcciones externas al sitio web.
8. *Metadata o metadatos:* de datos asociados a cada publicación fundamentalmente a cada post para dar información sobre esta. Puede ser usado para generar taxonomías u otras labores de consulta.
9. *Themes o temas:* plantillas de formatos que permiten que la web tenga cierto aspecto estético. Hay diversos temas que permiten diferenciar y personalizar los diferentes sitios. Además de los que incluye WordPress, en la Red existen multitud de temas que se pueden usar, tanto de forma libre como pagando. Es importante que además se intente que la plantilla sea de diseño Responsive. Para poder trabajar con los diseños predefinidos de WordPress hay que hacer clic en la opción Temas del menú Apariencia: Apariencia >Temas.
10. *Plugins:* extensiones que mejoran prestaciones.

Recurso web

www

Visita a través del siguiente código QR el artículo de Javier Balcázar, en el que puedes consultar cuáles son las mejores plantillas de WordPress.

Resumen

- Los CMS permiten desarrollar un website de manera eficaz y ágil.
- Es importante contar con el entorno de desarrollo necesario para que la instalación del sistema de gestión de contenidos tenga éxito.
- Los tres CMS más utilizados son WordPress, Joomla y Drupal.
- De todos los CMS existentes WordPress es de los más extendidos por lo fácil que es usarlo, la amplia comunidad de desarrolladores que tiene y su versatilidad.
- Las instalaciones de los distintos CMS pueden ser realizadas tanto de manera local como en un proveedor de hosting.
- Existen múltiples proveedores de hosting, tanto gratuitos como de pago. Muchos de ellos ofrecen incluso la posibilidad de que no tengamos que realizar ningún proceso de instalación.
- Hemos aprendido las distintas formas de instalación de WordPress: online, manual, en hosting.
- WordPress es administrado a través de su *back-end*, donde podemos realizar diferentes tipos de ajustes generales que afectan a diferentes parámetros del sitio como, por ejemplo, la construcción de URL amigables.
- WordPress es fácilmente configurable y permite personalización rápida cambiando, por ejemplo, el tema principal del sitio.
- Existen multitud de plugins con funcionalidades específicas, como la realización de copias de seguridad. Muchos temas tienen plugins recomendados.
- Existen numerosos términos en WordPress, como por ejemplo *taxonomía* o *post*, que debemos conocer para poder utilizar las múltiples opciones que nos ofrece el CMS.

Práctica guiada

Además de la instalación online y manual de WordPress podemos trabajar con el CMS a través de la plataforma Bitnami, cuyo uso básico vimos en el primer capítulo. Bitnami es un proyecto de una startup sevillana que creó una plataforma para poder instalar de forma integrada diferentes aplicaciones. Por lo tanto, no necesitamos realizar instalaciones individuales. A través de las llamadas *stacks* o pilas, tal y como lo denomina Bitnami, tenemos disponibles todos los elementos que se necesitan para la instalación de una determinada aplicación. Estos *stacks* son independientes del software que exista previamente instalado en la máquina e incluyen tanto programas como bases de datos o cualquier otro elemento necesario para poder trabajar con la aplicación.

La página web de Bitnami https://bitnami.com/ nos permite acceder a las distintas soluciones creadas para más de 130 aplicaciones web distintas. Independientemente de qué aplicación web queramos instalar podemos decantarnos por las siguientes opciones:

1. Instalación de un solo clic acorde a nuestro sistema operativo.
2. Máquina virtual preparada para ser importada y que contiene tanto el entorno como el sistema operativo.
3. Servidor lanzado en la nube (Google, Amazon o Azure, entre otros).

[PASO 1] Desde https://bitnami.com/stack/WordPress haz clic en la sección On my computer en la rama izquierda.

[PASO 2] Elige ahora la descarga acorde con el sistema operativo de tu ordenador. Para ello tendrás que logarte en Bitnami con una cuenta Google, Facebook o cualquiera de las admitidas. Es completamente libre. Vamos a suponer un entorno Windows.

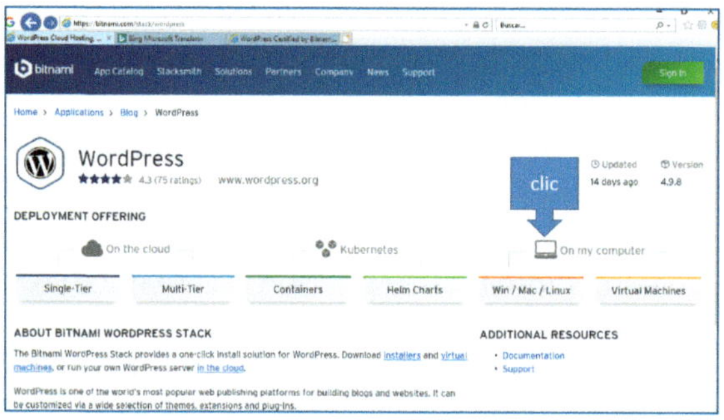

Figura 4.15
Descarga del instalador de WordPress.

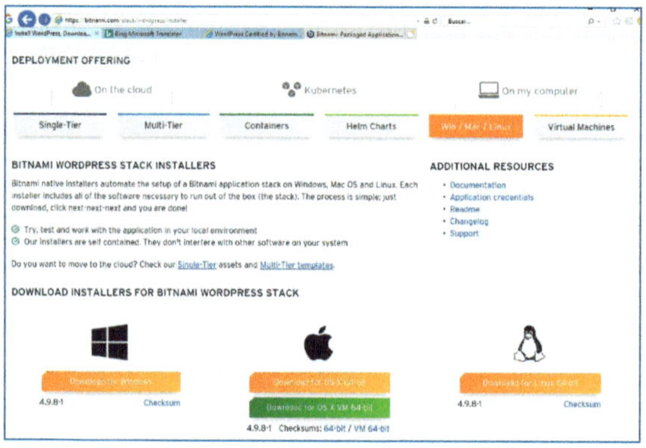

Figura 4.16
Stack de WordPress.

[PASO 3] Una vez descargado el archivo y seleccionado el idioma de instalación, comienza el proceso, guiado mediante un asistente.

[PASO 4] Avanzamos en el proceso de instalación haciendo clic en siguiente, hasta llegar a esta pantalla, donde tendremos que introducir los datos relativos al usuario que administrará WordPress. Es importante recordar tanto el usuario como la dirección de correo, pues cualquiera de los dos datos nos permitirá acceder a la zona de administración de nuestro sitio.

[PASO 5] En las siguientes pantallas tendremos que indicar el puerto de escucha del servidor MySql (normalmente 3306, aunque si ese puerto está ocupado podremos utilizar el 3307 por ejemplo). A continuación habrá que asignar un nombre a nuestro sitio.

[PASO 6] El proceso continúa y si se desea recibir correos es posible configurar las opciones correspondientes a SMTP.

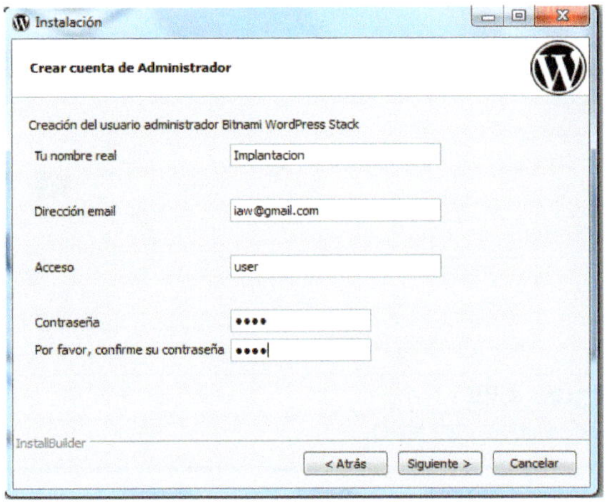

Figura 4.17
Creación de la cuenta del administrador.

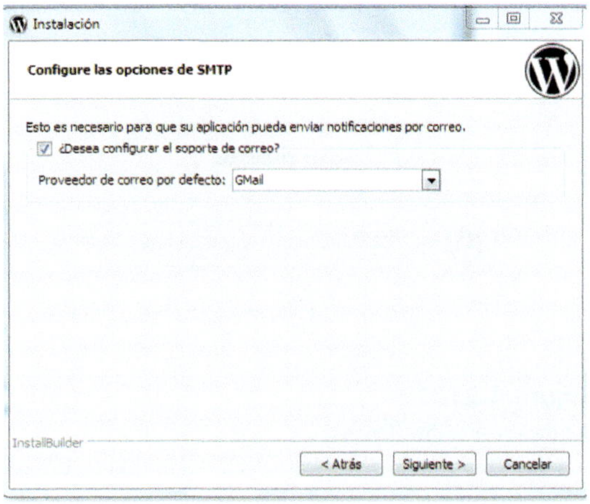

Figura 4.18
Configurar SMTP.

[PASO 7] Terminada la configuración del servicio de correo podemos optar por lanzar WordPress en la nube.

[PASO 8] Comienza el proceso. Se irán descomprimiendo de forma automática todos los ficheros necesarios para completar la instalación de nuestra aplicación (figura 4.19).

[PASO 9] Cuando el proceso haya concluido, aparecerá una ventana que dice que la instalación está terminada.

Al lanzar Bitnami WordPress Stack aparecerá una ventana donde podremos (figura 4.20):

1. Comprobar el estado de los servidores web y de bases de datos.
2. Acceder a la aplicación phpMyadmin para poder realizar tareas de administración de la base de datos.
3. Ir directamente a utilizar WordPress.

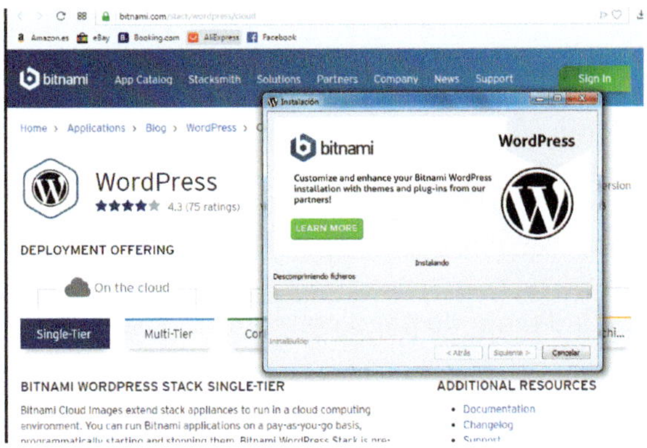

Figura 4.19
Inicio del proceso de instalación.

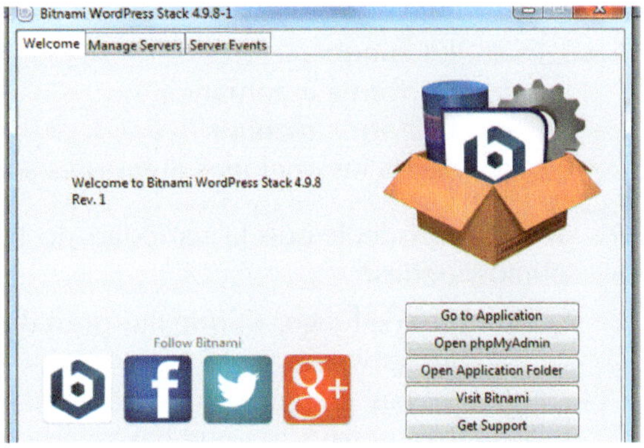

Figura 4.20
Panel de administración.

[PASO 10] Iremos directamente a utilizar WordPress (figura 4.21).

[PASO 11] Al acceder a WordPress veremos el *front-end* de nuestro sitio (figura 4.22). Para poder personalizarlo bastará con acceder al *back-end* escribiendo en el navegador http://127.0.0.1/WordPress/

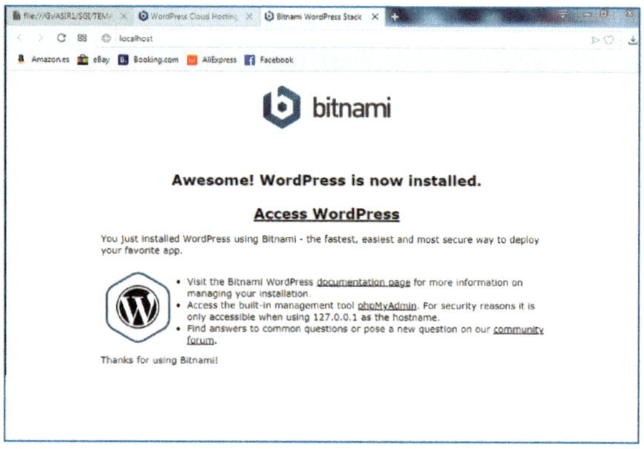

Figura 4.21
Acceso a WordPress.

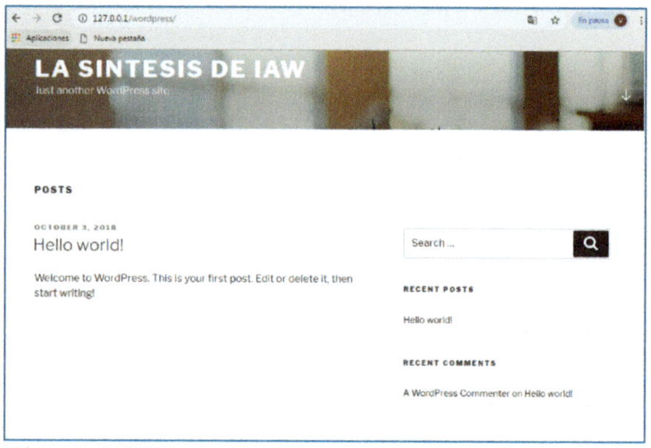

Figura 4.22
Front-end del sitio.

Práctica propuesta

Crea un sitio web sobre tecnología y realiza todos los ajustes anteriormente explicados. Puedes crear tres o cuatro post sobre diferentes artículos de tu interés y añadir en cada uno de ellos un link a páginas externas.

ACTIVIDADES DE AUTOEVALUACIÓN

1. Es posible realizar la instalación de WordPress de la/s siguiente/s forma/s:
   - ☐ *a)* En la nube.
   - ☐ *b)* De forma automática.
   - ☐ *c)* De forma manual.
   - ☐ *d)* Todas las opciones anteriores son correctas.

2. ¿Podríamos decir que la variedad de temas existentes en WordPress es uno de sus puntos fuertes?
   - ☐ *a)* Desde luego, ya que hay gran diversidad tanto de pago como libres y son muy atractivos.
   - ☐ *b)* Sí, hay gran diversidad de temas y son todos gratuitos.
   - ☐ *c)* No, porque aunque hay muchos temas hay que pagar por ellos.
   - ☐ *d)* No existen temas en WordPress de manera predefinida.

3. Hay muchos motivos para utilizar WordPress. De todos los expresados a continuación, ¿cuáles no caracterizan a WordPress?

   ☐ *a)* Instalación complicada, licencia privativa, no configurable.
   ☐ *b)* Instalación sencilla, gran comunidad de usuarios, fácilmente personalizable.
   ☐ *c)* Instalación sencilla, programable, sin posibilidad de añadir funcionalidades adicionales.
   ☐ *d)* Ninguna de las opciones anteriores es correcta.

4. Cuando se escribe una entrada en WordPress:

   ☐ *a)* Hay que publicarla inmediatamente.
   ☐ *b)* Es posible optar por dejarla en borrador, publicarla o programar la publicación.
   ☐ *c)* Las entradas de WordPress no se pueden programar.
   ☐ *d)* Las opciones a) y c) son las correctas.

4. Cuando se escribe una entrada en WordPress:

   ☐ *a)* Hay que publicarla inmediatamente.
   ☐ *b)* Es posible optar por dejarla en borrador, publicarla o programar la publicación.
   ☐ *c)* Las entradas de WordPress no se pueden programar.
   ☐ *d)* Las opciones *a)* y *c)* son las correctas.

5. La página de inicio de Wordpres es aquella que:

   ☐ *a)* Se visualiza cuando el usuario accede a la raíz del sitio.
   ☐ *b)* Es la página que se muestra durante la instalación del servidor.
   ☐ *c)* Es un gadget que permite categorizar las páginas.
   ☐ *d)* Todas las opciones anteriores son correctas.

6. Los CMS tienen distintos propósitos, pero podemos indicar que respecto a la creación de aplicaciones es el software más idóneo para construir:

   ☐ *a)* Aplicaciones de escritorio.
   ☐ *b)* Sitios web estáticos.
   ☐ *c)* Sitios web funcionales, atractivo y dinámicos.
   ☐ *d)* Apps móviles.

7. WordPress puede definirse como SEO friendly debido a:

   ☐ *a)* La posibilidad de aplicar técnicas para mejorar su posición en el ránking de buscadores.
   ☐ *b)* Su versatilidad.
   ☐ *c)* La capacidad de añadir plugins tanto de pago como propios.
   ☐ *d)* WordPress no es SEO friendly.

8. Al servicio de alojamiento de información de contenidos que proporcionan las empresas a los usuarios de Internet para que estos sean accesibles vía web se le conoce con el nombre de:

   ☐ *a)* Posicionamiento.
   ☐ *b)* Streaming.
   ☐ *c)* Hosting.
   ☐ *d)* Todos los términos anteriores son sinónimos.

9. Podemos definir un dominio en Internet como:
   - ☐ *a)* Un nombre único asociado a un sitio que lo identifica dentro de Internet.
   - ☐ *b)* Un servicio de subida de ficheros.
   - ☐ *c)* Un servicio que asocia un nombre a un fichero.
   - ☐ *d)* Un nombre, que no tiene por qué ser único, que asocia a un proveedor y a una página web.

10. Cada vez que publiquemos un post en un CMS se convertirá en:
    - ☐ *a)* Código PHP.
    - ☐ *b)* Código HTML.
    - ☐ *c)* Código JavaScript.
    - ☐ *d)* Dependerá del CMS.

SOLUCIONES:

1.	a	b	c	**■ d**	**5.**	**■ a**	b	c	d				
2.	**■ a**	b	c	d	**6.**	a	b	**■ c**	d	**9.**	**■ a**	b	c	d
3.	a	b	c	**■ d**	**7.**	**■ a**	b	c	d	**10.**	a	**■ b**	c	d
4.	a	**■ b**	c	d	**8.**	a	b	**■ c**	d				

5

Administración y adaptación de los gestores de contenido

Objetivos

- ✓ Aprender a publicar contenidos diversos.
- ✓ Diferenciar distintos tipos de contenido.
- ✓ Aprender a establecer categorías para organizar la información de forma jerárquica.
- ✓ Aprender las diferencias entre categoría y tag.
- ✓ Saber cómo incorporar widgets.
- ✓ Aprender a trabajar con distintas opciones de administración de los gestores de contenido.
- ✓ Saber administrar los comentarios.
- ✓ Reconocer la importancia de los plugins.
- ✓ Diferenciar entre widget y plugin.
- ✓ Saber administrar plugins.
- ✓ Conocer los diferentes tipos de usuarios en WordPress.
- ✓ Entender las diferentes funciones que realiza cada usuario.

Mapa conceptual

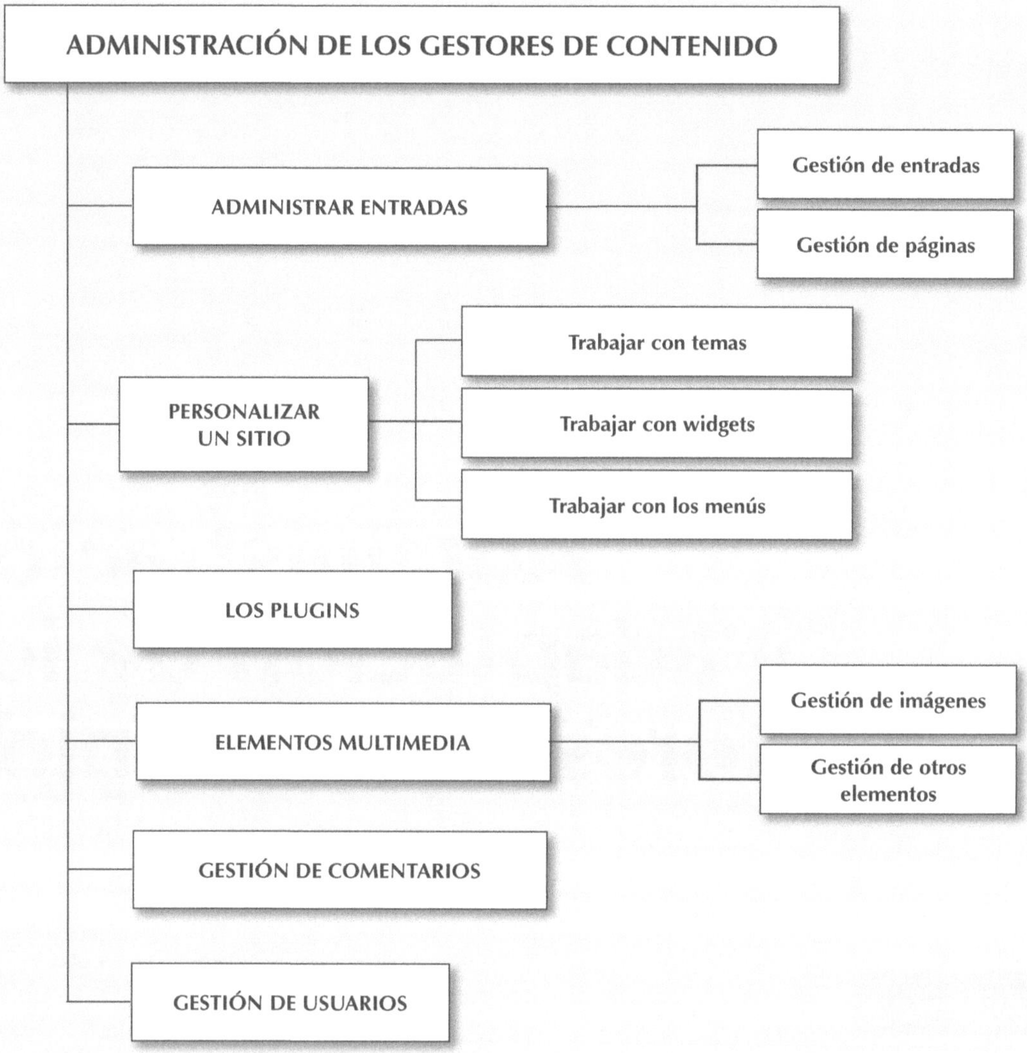

Glosario

CSS ***(cascade style sheet)***. Tecnología usada para poder aplicar un formato común a un documento construido con un lenguaje de marcado.

Lightbox. Efecto aplicable a las imágenes que permite que estas resalten. Para ello el fondo es oscurecido y la imagen ampliada.

Page. Tipo de contenido de WordPress con carácter poco dinámico y no categorizable.

Permalink. Tipo de enlace de carácter permanente que asocia un contenido con una dirección web.

Post type. Distinto contenido que se puede incorporar dentro de un sitio web.

Post. Tipo de contenido de WordPress con carácter dinámico y categorizable.

RGPD (Reglamento General de Protección de Datos). Normativa jurídica aplicada a la privacidad de los datos.

Tag. Elemento organizativo de un contenido en un CMS que permite asociar ese contenido a un término con objeto de poder localizarlo rápidamente dentro del sitio.

Twenty. Término genérico que se le aplica a la serie de temas que desarrolla WordPress.

Widget. Elemento que permite mostrar una determinada funcionalidad dentro de un sitio WordPress.

5.1. Introducción

El propósito de un sitio web es mostrar contenidos de diferente tipo. Según el tipo haremos uso de una opción u otra del menú de administración. Todo contenido es convertido a código HTML, traducido por un navegador. A los contenidos se les conoce también con el término en inglés *Post Type*.

5.2. Administrar las entradas en WordPress

Los diferentes tipos de contenido disponibles en WordPress se ajustan a la clasificación mostrada en la figura 5.1.

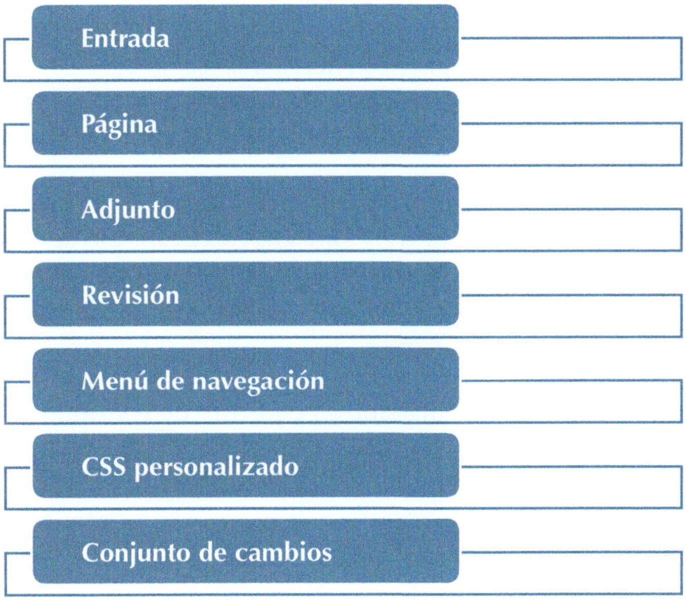

Figura 5.1
Tipos de contenido en WordPress.

5.2.1. Gestión de entradas

Las entradas o posts son el tipo más común de contenido que va a aparecer en un sitio WordPress. Los posts se utilizan para contenido dinámico que varía con frecuencia como las noticias o las novedades. En un sitio donde se publiquen múltiples posts es necesario organizar bien toda la información para evitar que el usuario navegue de forma caótica sin encontrar lo que necesita. La base inicial del contenido que permite establecer una adecuada categorización de este son las categorías. En WordPress, además de las categorías, podremos encontrar las llamadas etiquetas o tags. Tanto categorías como etiquetas deben ser pensadas antes de comenzar a generar contenido; de esa forma es posible organizar convenientemente toda la información generada.

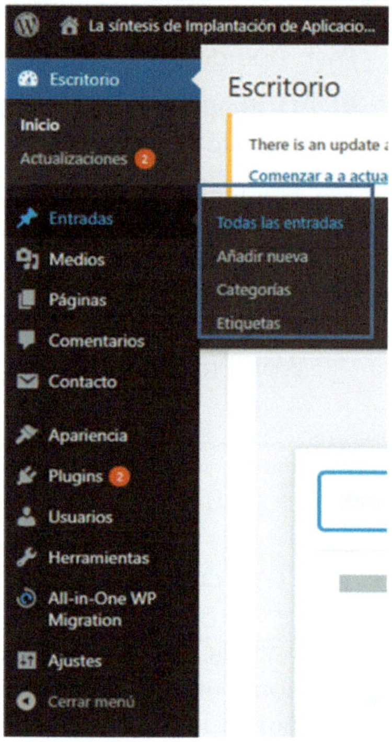

Figura 5.2
Opción Entradas.

Es importante comprender que categoría y etiqueta no es lo mismo. Mediante las categorías se establece una jerarquía clasificatoria de los contenidos agrupándolos bajo un mismo término. Toda entrada debe asociarse, al menos, a una categoría. En caso de no hacerlo, WordPress lo hará en una categoría creada por defecto llamada *Sin categoría*. Por ejemplo, si estamos realizando un sitio web sobre ropa podríamos establecer categorías como: camisas, pantalones, faldas, abrigos.

Las categorías, si es necesario, pueden subdividirse y contener subcategorías. En el ejemplo anterior podríamos dividir la categoría camisas en: camisas de manga corta y camisas de manga larga.

Los tags permiten establecer detalles concretos sobre un contenido. En realidad, son términos clave que permitirán encontrar de forma más rápida una entrada relacionada con un contenido. No admiten subdivisiones, a diferencia de las categorías. Siguiendo con el ejemplo del sitio de ropa, una entrada que pertenezca a la categoría de falda podría tener asociada distintas etiquetas como: fiesta, larga, elegante, terciopelo.

Las etiquetas, las categorías y las entradas se gestionan a través de la opción Entrada del panel de administración.

En la figura 5.3 es posible visualizar un árbol de categorías del sitio web "La síntesis de implantación de aplicaciones web", creado en el capítulo anterior.

Si hemos establecido bien nuestra jerarquización de contenido, al generar una entrada podremos clasificarla en la ubicación adecuada. Respecto a su publicación, es posible configurar opciones como:

- *Estado:* publicado, borrador o pendiente de revisión.
- *Visibilidad:* pública/privada.
- *Publicar inmediatamente:* opción por defecto, aunque es posible programar la publicación.

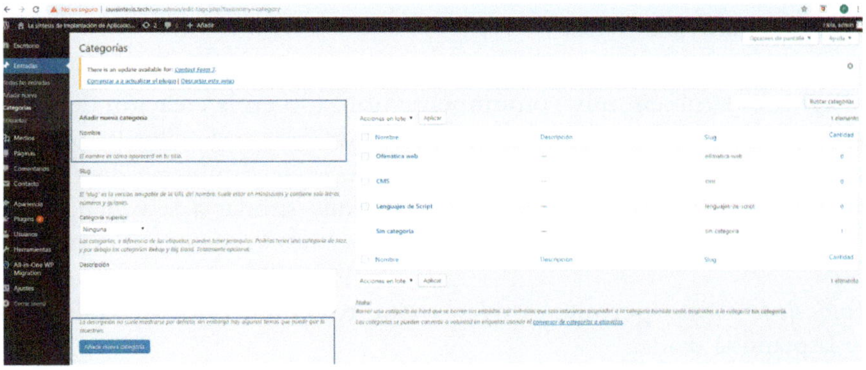

Figura 5.3
Trabajar con categorías.

Además, cuando se añade una entrada podremos:

1. Identificar la entrada mediante un título descriptivo de su contenido. Esto es importante para asegurar que los buscadores realicen un buen posicionamiento del sitio.
2. Dar formato al contenido.
3. Asociar la entrada o post a la categoría o etiqueta adecuada para conseguir estructurar adecuadamente los contenidos del sitio.
4. Asociar, si procede, diferentes elementos multimedia a la entrada.
5. Establecer opciones como: *permalink* o enlaces permanentes, opciones de privacidad, tipo de entrada, autor, etc.

Un ejemplo de entrada con las configuraciones anteriormente explicadas podría ser:

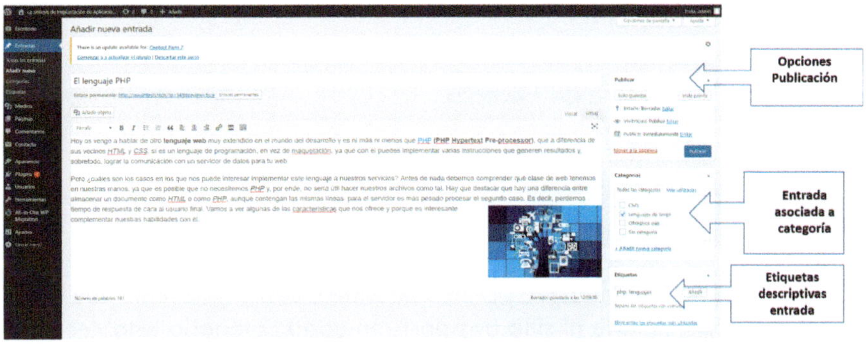

Figura 5.4
Ejemplo de entrada.

Recuerda

✓ No es lo mismo categoría que etiqueta. Aunque ambas sirven para organizar el contenido, las categorías permiten jerarquizar la información de un sitio y las etiquetas establecen detalles sobre un contenido. Por otra parte, un determinado contenido solo puede estar asociado a una categoría, sin embargo puede tener asociadas varias etiquetas.

5.2.2. Gestión de páginas

El elemento Página es también muy comúnmente utilizado en la creación de contenido. Igual que los posts, se clasifican de forma jerárquica, pero a diferencia de ellos las páginas están pensadas para crear contenido de carácter estático que no suele cambiarse dentro de un sitio. El aspecto de la ventana donde se crean las páginas es muy similar a la ventana de creación de entradas. Aparecen, además, otros elementos como:

1. *Atributos de la página:* permite establecer aspectos como la jerarquía de la página, el orden y la plantilla usada.
2. *Imagen destacada:* imagen que se desea que aparezca en la cabecera.

Supongamos que queremos crear una nueva página. Accederemos al menú correspondiente y estableceremos tanto el contenido como los demás atributos que deseemos:

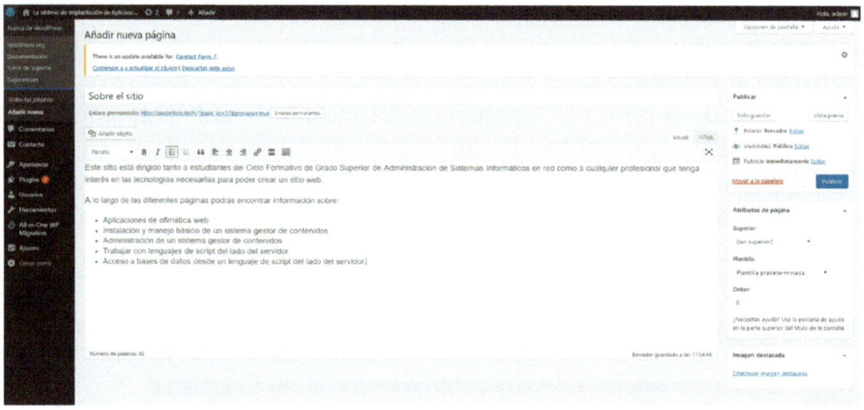

Figura 5.5
Creación de una página de ejemplo.

Actividad propuesta 5.1

Realiza un sitio web de la temática que prefieras donde establezcas al menos tres categorías para tus posts. Añade al sitio dos posts en cada categoría establecida así como dos o tres etiquetas a cada uno. Incorpora también dos páginas de carácter general del tipo Información general sobre la formación profesional y Sobre el ciclo de ASIR. Documenta el proceso.

5.3. Personalización de un sitio en WordPress

La personalización permite que un sitio tenga un aspecto atractivo para el visitante. A través del menú Apariencia del panel de administración es posible dotar a nuestro sitio de diferentes elementos que permitan mejorar su aspecto y dotarle de personalidad propia. Entre otras funcionalidades podremos administrar temas, instalar plugins, gestionar menús o administrar widgets.

5.3.1. Trabajar con los temas

Como ya sabemos los temas (*themes*) permiten personalizar la apariencia y la funcionalidad de nuestro sitio WordPress. En la red existen multitud de páginas donde descargar temas gratuitos y comprarlos. En la página de WordPress, https://es.wordpress.org/themes/commercial/, tenemos la posibilidad de descargar temas de licencia GPL con la posibilidad de obtener soporte a cambio de una pequeña cuota. También podemos establecer un tema, gratuito, desarrollado por el equipo de WordPress cuyo nombre siempre comenzará con el término *Twenty*, seguido después por un número (en inglés).

Los temas se gestionan a través del menú Apariencia > Temas del panel Administración. Una vez seleccionado el tema de nuestro interés podemos personalizar diferentes aspectos como:

- Título.
- Imagen, tanto de cabecera como de fondo.
- Navegación.
- Widgets.
- Cambiar página de inicio.
- Personalizar los colores tanto de los textos como del fondo, de la cabecera, etc.

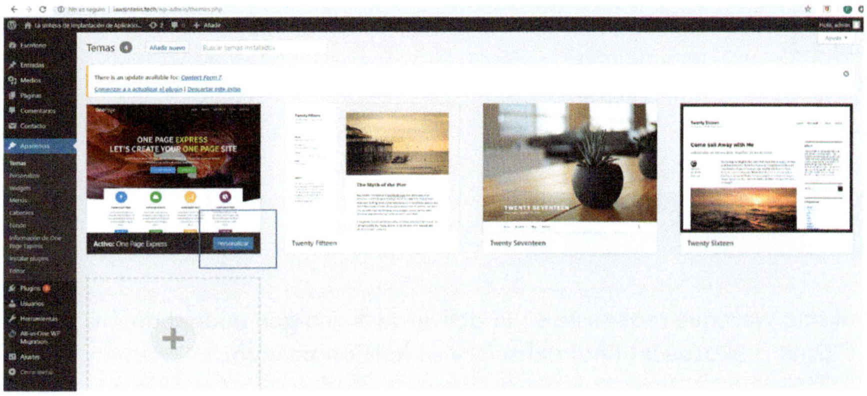

Figura 5.6
Menú Temas.

Toma nota

En la red existen multitud de sitios, tanto gratuitos como de pago, donde puedes encontrar tanto temas como información sobre sus características. En la propia página oficial de WordPress puedes encontrar diferentes temas que te permiten dotar de personalidad a tu sitio web (accesible a partir del QR adjunto).

5.3.2. Trabajar con los widgets

Los widgets permiten modificar la apariencia de las páginas de un sitio a través de distintas funcionalidades, con el propósito de mejorar la experiencia de usuario y la navegación. Utilizar unos u otros widgets va a depender de las funcionalidades que se quieran añadir al sitio como galería de imágenes, listado de categorías, enlaces de interés, entradas recientes o cuadros de búsqueda, entre otros.

La administración de los widgets, tanto añadir como eliminarlos, es muy sencilla. Dependiendo del tema elegido los widgets pueden ser colocados en una posición u otra. La apariencia de la ventana desde la cual podemos gestionar los widgets es:

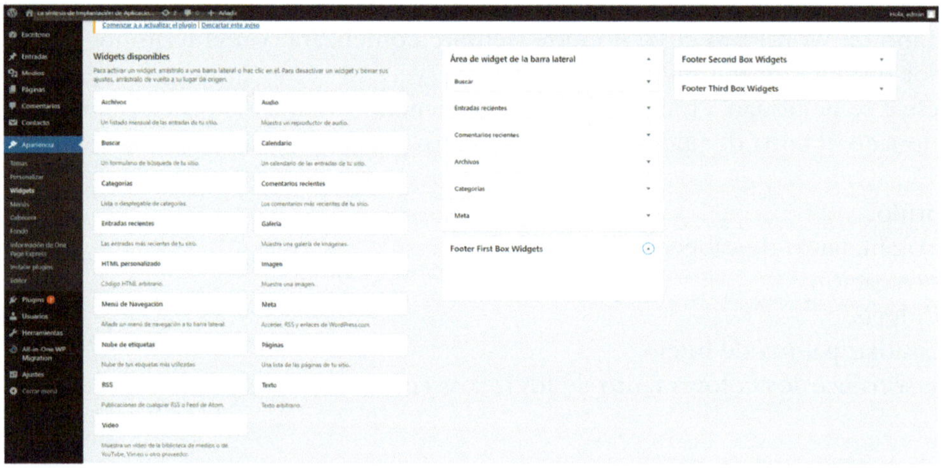

Figura 5.7
Gestión de widgets.

Actividad propuesta 5.2

Incorpora al sitio web que realizaste en la actividad 5.1 algún widget de tu interés. Observa el aspecto final del sitio y su funcionamiento.

www

Recurso web

El vídeo realizado por Javier Balcázar, creador de una página y de un blog sobre WordPress, te permite seguir un ejemplo guiado de trabajo con widgets. Puedes visionarlo si escaneas el código QR adjunto.

5.3.3. Trabajar con los menús

Para una navegación amigable y fluida dentro de un sitio es necesario poder recorrer este de forma organizada a través de enlaces. Estructurar bien la navegación a través del menú permitirá que nuestro sitio sea fácilmente navegable.

Mediante los menús es posible enlazar a las categorías, las páginas y las entradas de nuestro sitio o bien a enlaces personalizados. Los temas condicionan las posiciones donde se pueden establecer los elementos de menú. A través de la ventana de configuración de los menús podemos organizarlos jerárquicamente y configurar diferentes ajustes. Para ordenar los elementos del menú simplemente tendremos que pinchar en elemento y, sin soltar el ratón, desplazarlo a su nueva posición. Si lo movemos del menú y lo llevamos hacia la derecha se creará un nuevo subnivel o submenú, que se desplegará al activar el menú superior.

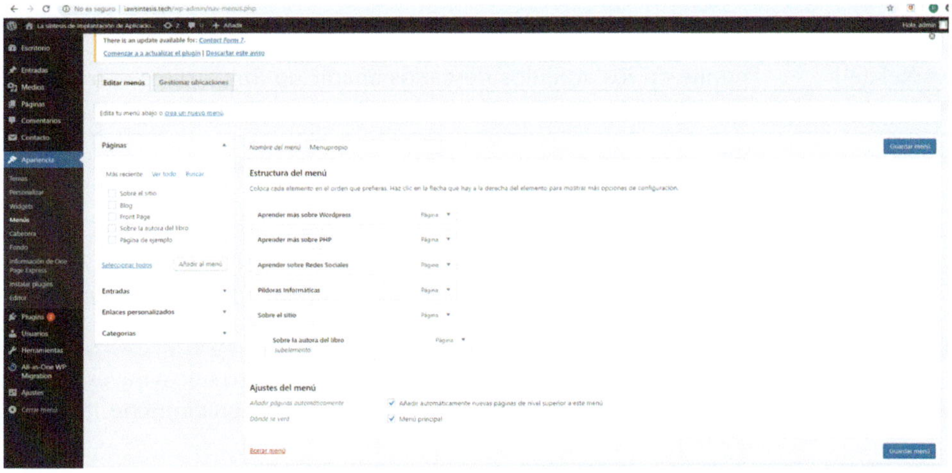

Figura 5.8
Administración de menús.

Recurso web

www

Con el vídeo de Funtor accesible a partir de este código QR adjunto puedes aprender con más detalle cómo crear tanto menús como submenús en WordPress.

5.4. Plugins

La comunidad de desarrolladores de WordPress crea y distribuye programas con funcionalidades específicas para mejorar nuestros sitios web. Son los plugins. Los plugins, más de 50.000 actualmente, pueden ser encontrados en https://es.wordpress.org/plugins/.

Existen otras páginas en Internet donde podemos encontrar plugins gratuitos y de pago. Siempre es altamente recomendable verificar que el sitio de la descarga sea realmente seguro.

Toda la gestión de plugins será realizada a través del apartado plugins del panel de control. A través de ese apartado es posible tanto visualizar los plugins instalados como añadir un nuevo a nuestro sitio: Plugins >Añadir nuevo → Instalar plugins.

En el cuadro 5.1 tienes los plugins más interesantes y su función principal.

CUADRO 5.1
Plugins relevantes en WordPress.

Nombre del plugin	Función principal
Yoast Seo	Principalmente optimización de SEO. Permite entre otras cosas crear un mapa del sitio.
WordPress Related Posts	Permite en los artículos deseados añadir un link a otros con los que tienen relación.
Table of Contents Plus	Utilizando menús de navegación, ayuda a mejorar la experiencia de usuario.
Google Analytics	Analiza el tráfico recibido en la Web.
iThemes Security	Aplicación estrella a nivel de seguridad que ofrece más de 30 maneras de asegurar un sitio web. Por ejemplo, seguridad y caducidad de contraseñas o escaneo de malware.
Jetpack	Permite una personalización completa de nuestro sitio a través de multitud de herramientas. Un aspecto destacable es la integración con las aplicaciones móviles.
WooCommerce	Complemento para poder crear una tienda de comercio electrónico.
Shortcodes Ultimate	Maqueta artículos de un sitio sin necesidad de utilizar CSS.
Duplicator	Permite realizar copias de seguridad, copiar, mover o clonar.
BackUpWordPress	Realizar copia de seguridad completa del sitio.
All-in-One WP Migration	Permite migrar un sitio WordPress a una ubicación diferente.
Broken Link Checker	Permite escanear los elementos de nuestro sitio en busca de enlaces rotos.
Social Count Plus	Incorpora un conjunto de botones para que los contenidos se puedan compartir en diversas redes sociales.
Cookie Notice for GDPR	Emite un mensaje tanto del uso de cookies dentro de la página como del cumplimiento de la normativa del actual Reglamento General de Protección de Datos.
WordPress Popular Posts	Muestra las entradas más populares.
WP Super Cache	Optimiza la velocidad de carga del sitio.
Events Calendar	Permite gestionar todo tipo de eventos mediante un calendario.

Recurso web www

Según Hostinguer, servicio de hosting, estos son los catorce plugins más interesantes para WordPress (accesible a través del código QR adjunto).

PARA SABER MÁS

Un plugin interesante que permite crear LMS es LearnPress. Según la información publicada en la página oficial de WordPress, es "uno de los mejores complementos de WordPress LMS. Se puede usar para crear y vender cursos en línea fácilmente. Se pueden crear rápida y fácilmente sitios web educativos, de escuelas en línea y de cursos en línea sin necesidad de conocimientos de codificación".

Actividad propuesta 5.3

Prueba a instalar en tu sitio web algunos de los plugins anteriormente mencionados. Documenta el proceso.

5.5. Elementos multimedia

5.5.1. Gestión de imágenes

Las imágenes pueden ser añadidas para enriquecer y dotar de mayor sentido tanto a las páginas como a las entradas de un sitio. En la zona de edición haremos clic en el botón Añadir objeto:

Una vez añadida la imagen, es posible adaptar su tamaño (de manera semejante en un editor de texto) a través de los cuadros de control que aparecen en la imagen cuando es seleccionada. Si se desea que el tamaño por defecto de la imagen sea de una medida específica, la mejor opción es cambiar las medidas desde Ajustes > Medios.

Toda imagen es configurable. Para ello, podemos editar sus propiedades (clic sobre la imagen y activar menú contextual) y personalizar distintos aspectos como: título, leyenda, texto alternativo, descripción, alineación, enlazado o tamaño. Las opciones avanzadas como Clases CSS de la imagen y Clases CSS de los enlaces van a permitir aplicar estilos tanto a las imágenes como a los enlaces de un sitio. Los estilos pueden ser aplicados directamente a todas las imágenes o a algunas en concreto. Existen plugins como SB Image Hover Effects que permiten, sin necesidad de saber CSS, aplicar más de doscientos efectos sobre una imagen tales como cambiar el sentido, la forma, la rotación etc.

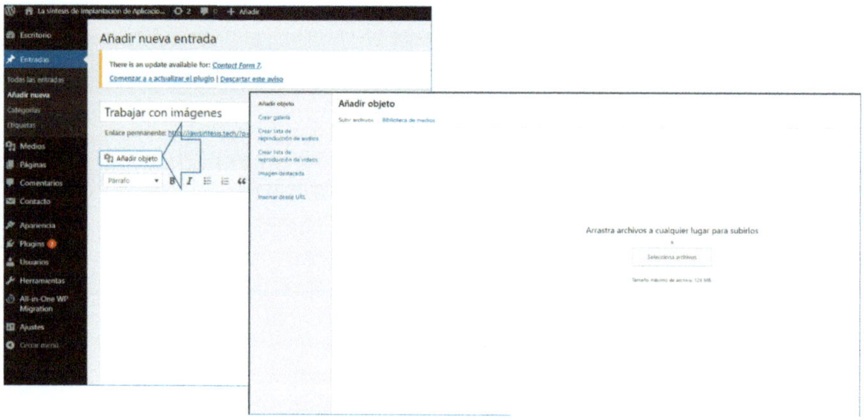

Figura 5.9
Añadir imágenes.

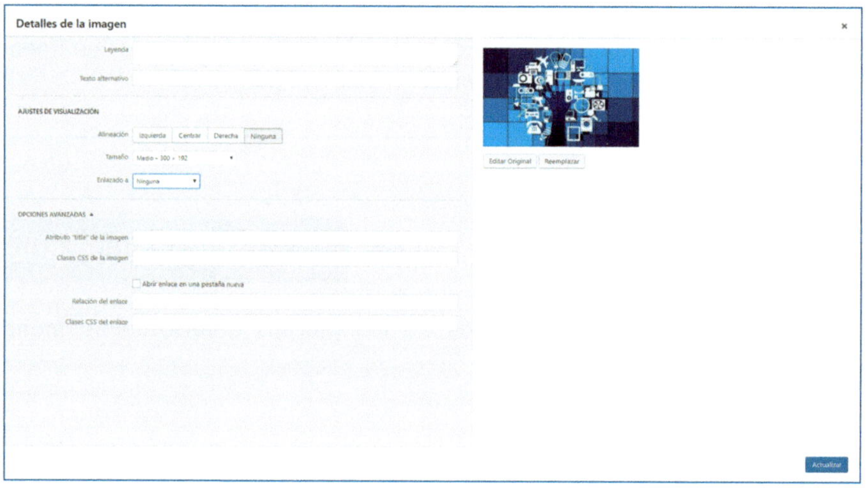

Figura 5.10
Propiedades de la imagen.

En WordPress las imágenes insertadas solo pueden ser de formatos PNG, GIF y JPEG, con tamaño máximo de 2 MB. Cuando un sitio web tiene muchas imágenes puede tardar demasiado tiempo en cargarse. Este aspecto debe ser cuidado y para ello podemos optar por utilizar plugins que permitan, sin perder calidad, optimizar el espacio que ocupan las imágenes. Como ejemplo, el plugin Imagify Image Optimizer permite mejorar el espacio que usan las imágenes.

WWW

Recurso web

Existen multitud de plugins y a menudo es difícil encontrar cuál es el más adecuado para nuestro sitio. En https://plugintable.com/ puedes encontrar una *tabla periódica* de plugins de WordPress organizados alfabéticamente. Al hacer clic sobre el elemento aparece una breve descripción sobre su funcionalidad.

Otros plugins interesantes para utilizar con imágenes se recogen en el cuadro 5.2.

CUADRO 5.2
Plugins interesantes para imágenes en WordPress.

Nombre del plugin	Función principal
Envira Gallery	Crear galería de fotos. Muy preparado para optimizar el rendimiento del servidor web.
Photo Gallery by WD	Galería de fotos y de vídeos con efectos de presentación de diapositivas.
FooGallery	Galería de elementos multimedia con diseños impactantes y muy fácilmente configurables.
Everest Gallery Lite	Múltiples diseños de galería configurables al tamaño de la pantalla. También es posible realizar animaciones flotantes y aplicar a la imagen lightbox, o sea, un efecto para conseguir que la imagen principal se agrande y el fondo sea oscurecido.
WP Featherlight	Añadir a la imagen ligthtbox.
Responsive Lightbox & Gallery	Galería de elementos multimedia con lightbox optimizada para dispo-sitivos móviles.
Imagify	Optimiza las imágenes reduciendo su peso pero conservando la calidad de estas.

5.5.2. Gestión de otros elementos multimedia

Otros elementos multimedia que podemos añadir a nuestros sitios son los vídeos y los audios. Ambos se incorporan a las páginas de forma semejante a las imágenes. Por otra parte, también es posible añadir tanto vídeo como audio directamente a través de un enlace web. En el caso más común, por ejemplo, YouTube, WordPress detecta el enlace y el vídeo es mostrado directamente en la página. Los formatos comunes de estos archivos multimedia son:

- ✓ Audio: mp3, .WAV, .avi, etc.
- ✓ Vídeo: archivos .mp4, .mom, .flv, etc

Todos los elementos multimedia (imágenes, audio y vídeo) pueden ser administrados a través de la biblioteca de medios.

A través de la biblioteca de medios es posible administrar todos los elementos multimedia de la web. Por tanto, se pueden tanto editar los archivos y modificar los datos asociados como eliminarlos si es preciso. Para acceder a la biblioteca, desde el *back-end*, procederemos a hacer clic en Medios → Biblioteca de medios (figura 5.11).

TOMA NOTA

Con el plugin Download Media Library se puede descargar en un archivo zip todo el contenido de la biblioteca multimedia. Es posible organizar la descarga por tipo de archivo o por contenido.

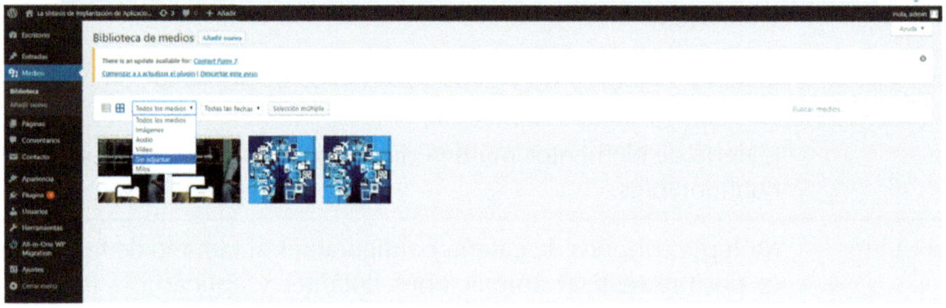

Figura 5.11
Biblioteca de medios.

Actividades propuestas

5.4. La biblioteca de medios ofrece una gestión de las imágenes bastante limitada. Realiza una pequeña tabla con algunos de los plugins interesantes que pueden mejorar la administración de los elementos multimedia.

5.5. Busca en Internet plugins de WordPress que permitan crear foros, traducir tu sitio a varios idiomas y crear una tienda de comercio electrónico. Realiza una pequeña tabla con los plugins más relevantes que hayas encontrado.

5.6. Gestión de comentarios en WordPress

Los sitios web actuales, sobre todo en los casos de los blogs, permiten al usuario interactuar con las páginas dando su opinión. El mecanismo a través del cual los usuarios pueden expresar sus opiniones son los comentarios. Es responsabilidad del administrador del sitio decidir la forma en la que se realiza la administración de estos comentarios e incluso impedir que aparezcan publicados si llega el caso. Para evitar situaciones indeseadas como el spam, una buena práctica es evitar que usuarios no registrados puedan publicar comentarios.

La administración de los comentarios se realiza a través de la zona de administración del sitio en Ajustes → Comentarios. Desde ahí podremos:

- Permitir/No permitir publicar comentarios.
- Obligar a rellenar tanto el nombre como el e-mail a los usuarios que comentan.
- Obligar a que los usuarios se registren para poder comentar.
- Cerrar los comentarios transcurridos un conjunto de días.
- Activar un número determinado de niveles de comentarios.
- Enviar un correo cada vez que sea necesario moderar un comentario o cuando se recibe un nuevo comentario.
- Aprobar o no la publicación de comentarios.
- Mantener un comentario a la espera en función de un número determinado de enlaces o si aparecen ciertas palabras o contenidos.
- Realizar una lista negra de comentarios en el caso de que estos contengan ciertas palabras o términos previamente indicados.
- Determinar cuál es la edad adecuada para comentar en el sitio.

El aspecto parcial del panel de ajustes es el que se muestra en la figura 5.12.

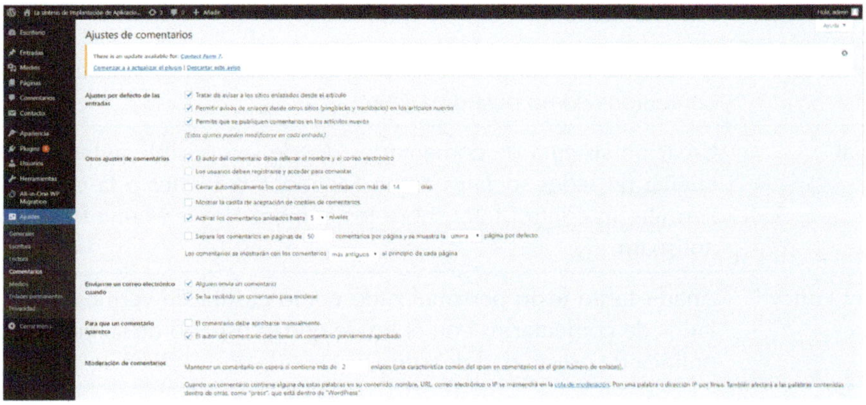

Figura 5.12
Panel de ajustes de comentarios.

Es posible visualizar y gestionar los comentarios de los usuarios a través del apartado Comentarios. Al pasar el ratón sobre un determinado comentario observaremos las siguientes opciones:

1. Aprobar el comentario.
2. Rechazar el comentario.
3. Responder directamente el comentario.
4. Editar el comentario para cambiar su contenido.
5. Marcar el comentario como spam.
6. Eliminar el comentario moviéndolo a la papelera.

Además, WordPress ofrece plugins para realizar una administración adecuada de los comentarios. En la instalación por defecto se incorpora el plugin Akismet. Pero existen otros plugins de funcionalidades más completas que se detallan en el cuadro 5.3.

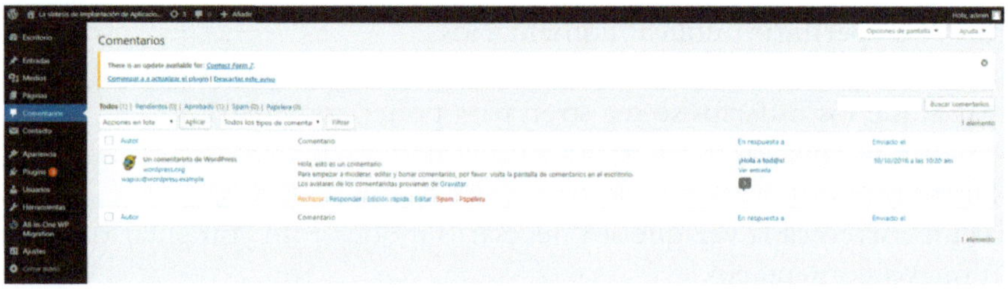

Figura 5.13
Gestión de los comentarios.

CUADRO 5.3
Plugins interesantes para la gestión de comentarios en WordPress.

Nombre del plugin	Función principal
Akismet	Revisar comentarios y envíos de formulario para proteger al sitio de contenido no deseado.
Disable comments	Desactivar los comentarios en todo el sitio web o solo en ciertos tipos de contenidos como post o páginas.
Heateor Social Comments	Crear un sistema de comentarios donde sea posible autentificarse con una cuenta de redes sociales como Facebook o Twitter o la cuenta de Google. Permite un control total sobre los comentarios y es una buena herramienta antispam.
WP Comment Policy Checkbox	Añadir tanto texto personalizado como casilla de verificación a los formularios de comentarios con el fin de que el usuario dé su consentimiento a la política de privacidad del sitio.

WWW

Recurso web

Como resumen final puedes ver este vídeo de Funtor donde se muestra el resumen de los plugins más descargados y usados en WordPress. Accede a partir del siguiente QR.

5.7. Gestión de usuarios en WordPress

Al instalar WordPress se crea un único usuario, que tiene la capacidad total sobre la administración del sitio. En ocasiones es necesario que nuestro sitio tenga diferentes usuarios con diferentes perfiles. Una buena política de permisos ayudará a que nuestro sitio sea más seguro. La administración de usuarios se realiza a través del apartado Usuarios > Añadir nuevos usuarios. Cada vez que se crea un nuevo usuario el administrador del sitio recibe un correo para advertirle.

En función de cuál sea las funciones que se desee que el usuario realice, se le asignará un rol u otro. Los tipos de usuario en WordPress, de mayor a menor privilegio, son los recogidos en el cuadro 5.4.

Cuadro 5.4
Usuarios en WordPress.

Usuario	Función
Administrador	Realiza todo tipo de tareas sobre el sitio.
Editores	Realiza tareas relacionadas con las entradas y páginas y moderación de comentarios.
Autores	Solo pueden publicar entradas de tipo post.
Colaboradores	Pueden generar entradas, pero no pueden publicarlas hasta que no sean aprobadas.
Seguidores	Solamente pueden escribir comentarios y leer el contenido del sitio.

En el caso de necesitar una administración de usuarios con un mayor control sobre los mismos, existen diferentes plugins. Un buen ejemplo es el plugin Members, que permite definir los perfiles de forma personalizada y personalizar diferentes opciones de inicio de sesión para el usuario. Otros plugins adecuados para la gestión de usuarios son WPFront User Role Editor, User Session Control o Social Login.

Toma nota

Si lo necesitas es posible crear una lista negra de usuarios y de direcciones IP. Para ello se pueden utilizar diferentes plugins como Add IP to blacklist o Stop Spammers.

Recurso web

www

A partir del siguiente código QR podrás acceder a un vídeo de Funtor que te ayudará a entender con claridad la gestión de usuarios en WordPress.

Resumen

- En WordPress hay diferentes tipos de entrada. Las comunes son las páginas y los posts. Las páginas y los posts se diferencian en varios aspectos: los post son organizados en diferentes categorías, mientras que las páginas no se pueden clasificar en categorías (aunque dentro de una página puede haber otra página); mientras las páginas usan plantillas las entradas utilizan formatos.
- Para poder clasificar toda la información de un sitio es importante realizar una buena categorización. Las categorías y las etiquetas son una valiosa ayuda para organizar todo el contenido existente.
- Dentro de una categoría puede haber varias subcategorías.
- Las categorías y las etiquetas se diferencian en su propósito. Con las etiquetas se describe el elemento, con la categoría se organiza el elemento.
- Los menús permiten indexar de forma adecuada las páginas de un sitio.
- Realizar de forma adecuada las labores administrativas nos permite dotar de mayores prestaciones a nuestro sitio web.
- Los widgets son elementos que a través de la técnica de arrastrar y soltar añaden funcionalidades diversas a un sitio. Por ejemplo, un cuadro de búsqueda.
- Los plugins, diferentes a los widgets, son pequeñas aplicaciones software que es necesario instalar para añadir nuevas prestaciones a un sitio.
- En WordPress existen multitud de plugins con diferentes propósitos. Es importante conocer los más comunes que permiten mejorar la seguridad de nuestra web, realizar labores de copia de seguridad, aumentar la velocidad de carga del sitio o gestionar de manera adecuada las imágenes que incluyamos.
- Para dotar de mayor atractivo a nuestro sitio se pueden incorporar elementos multimedia, tanto imágenes como vídeos.
- Existe una biblioteca de medios donde se pueden administrar, de forma básica, los elementos multimedia.
- Los comentarios deben ser gestionados de forma adecuada para evitar, por ejemplo, el spam. Existen diferentes herramientas que permiten administrar tanto quién puede realizar comentarios como la forma en la que se gestionan.
- Para llevar una buena política de administración de usuarios es necesario conocer los tipos existentes: administrador, editor, autores, colaboradores y seguidores.
- Cuando se crea un usuario es necesario conocer bien el rol que se le va a asignar en función de las labores que queremos que realice dentro del sitio.

Práctica guiada

En el capítulo anterior creamos un sitio WordPress sobre el módulo Implantación. Vamos a ir añadiendo diferentes elementos a ese sitio para ampliar sus funcionalidades. Empecemos con la gestión de plugins.

[PASO 1] Si quisiéramos visualizar los plugins instalados, lo haríamos desde la entrada Plugins del Panel de Control. En el caso de que algún plugin no esté actualizado se nos indicará mediante un mensaje. Los plugins ya actualizados muestras un check verde y un mensaje de Actualizado.

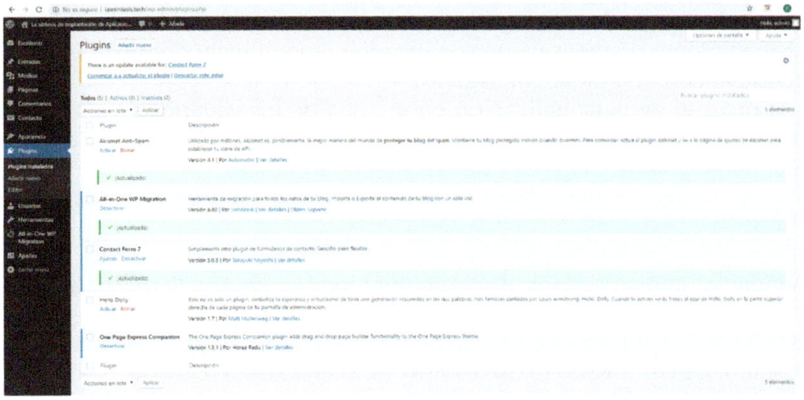

Figura 5.14
Plugins instalados.

[PASO 2] Haciendo clic en Añadir nuevo aparecerá una ventana donde podremos optar por seleccionar uno de los plugins mostrado o realizar una búsqueda. En nuestro caso instalaremos los plugins Events Calendar, GDPR, Social Media Share Buttons, Elementor Page Builder.

Una vez instalados los plugins, si deseamos activarlos deberemos proceder a hacerlo a través de Plugins → Plugins instalados.

[PASO 3] Una vez activados los plugins hay que editarlos para poder configurar las opciones conforme a las funcionalidades que queramos añadir a nuestro sitio.

A modo de ejemplo vamos a personalizar el plugin The Events Calend añadiendo un nuevo evento y realizando diferentes ajustes (figura 5.15)

Podríamos añadir todos los eventos que deseemos a nuestro calendario, así como configurar opciones como la ubicación, los organizadores, la fecha, la hora o la página web del evento. Finalizada la edición de eventos podríamos observar en nuestro sitio el calendario de eventos y realizar búsquedas tanto por fecha como por palabra clave (figura 5.16).

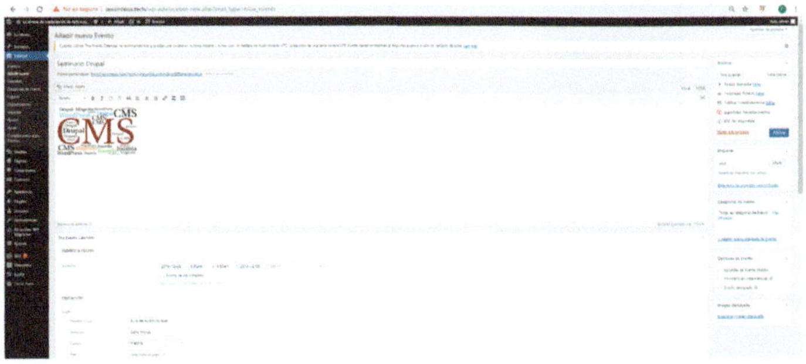

Figura 5.15
Configurar nuevo evento.

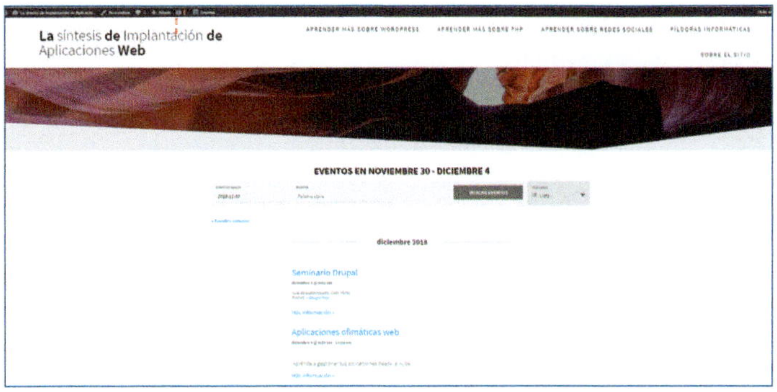

Figura 5.16
Aspecto del visor de eventos desde el *front-end.*

[PASO 4] Supongamos que deseamos ahora administrar otro plugin. Por ejemplo, el plugin GDPR. Es posible tanto añadir tanto un mensaje personalizado como el lugar donde queramos que aparezca el mensaje pidiendo el consentimiento al usuario.

Terminado el proceso de personalización en la zona de los usuarios veríamos una ventana (Algunas de nuestras políticas han sido actualizadas) con la información "Gestión de consentimientos" y "Este sitio cumple con el RGPD. Haga clic para aceptar las cookies".

Por cada plugin instalado realizaríamos un proceso similar, atendiendo a las diferentes peculiaridades de cada uno.

[PASO 5] Añadamos ahora usuarios al sitio desde *Usuarios → Añadir nuevo usuario*. Supongamos que queremos añadir varios usuarios con distintos perfiles. Tomemos como referencia un hipotético usuario denominado alumno. Después solo es necesario reiterar el proceso tantas veces como usuarios se deseen crear. Una vez creado el usuario podrá iniciar sesión con sus credenciales. En la zona de edición de usuarios es posible personalizar elementos como:

1. Editor visual
2. Esquema de color de Administración
3. Atajos de teclado
4. Alias
5. Contraseña (Generar)
6. Información del contacto en redes sociales
7. Imagen del perfil

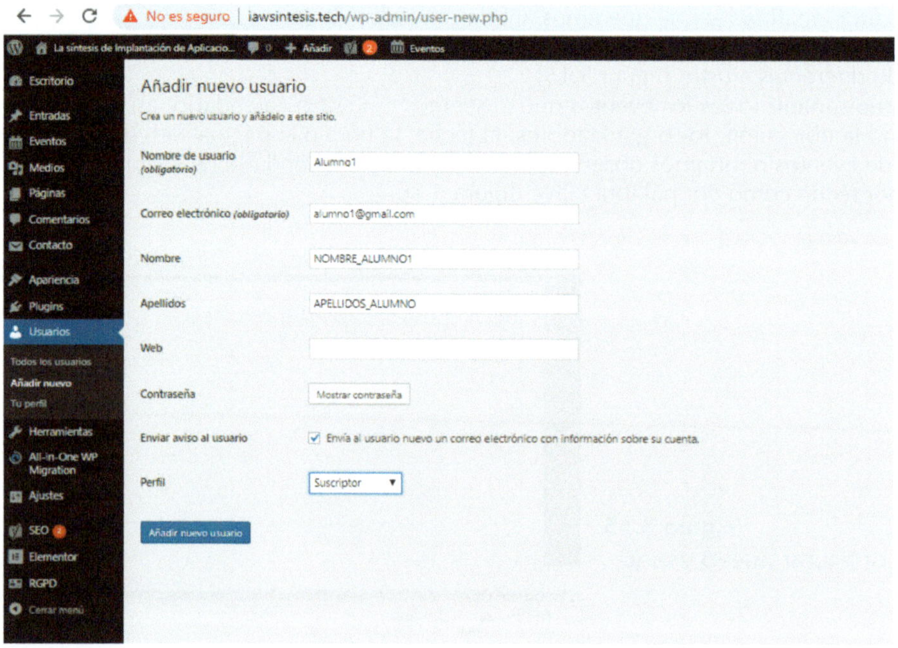

Figura 5.17
Añadir usuarios.

[PASO 6] Trabajemos ahora con los widgets. Para ello simplemente hay que arrastrar el elemento elegido sobre la posición en que se desee que se visualice:

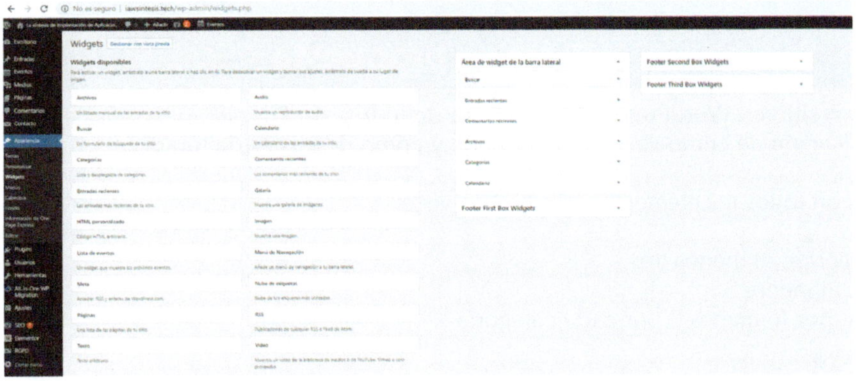

Figura 5.18
Trabajar con widgets.

[PASO 7] ¿Quizás te gustaría cambiar el tema porque el que habías elegido no te satisface? Simplemente cliquea sobre Temas, como ya vimos en el capítulo anterior, y activa uno de los existentes, o añade uno nuevo. Recuerda que siempre puedes ver la vista previa antes de seleccionar el tema de forma definitiva. Supongamos que activamos el tema Twenty Fifteen. El aspecto final del sitio, sensiblemente diferente al tema inicial, sería:

Figura 5.19
Sitio con la plantilla Twenty Fifteen.

Práctica propuesta

Crea un nuevo sitio en WordPress sobre un tema de tu interés. Por ejemplo, música. Realiza una pequeña planificación de cómo va a estar diseñado y cómo deseas estructurarlo.

Trabaja con todos los elementos que hemos visto:

- *Categorías*, al menos tres
- *Tags*, al menos 5
- *Posts*, por lo menos 3 por cada categoría

El tema, las páginas, los widgets y los plugins que añadas dependerán de las necesidades que tenga tu sitio.

Una vez creado el sitio añade 4 usuarios, cada uno con un rol diferente:

- Editor
- Autor
- Colaborador
- Seguidor

Prueba a logarte con cada uno de ellos y observa las diferencias sobre lo que pueden hacer en tu sitio web.

No olvides documentar adecuadamente el proceso.

ACTIVIDADES DE AUTOEVALUACIÓN

1. Al elemento que permite clasificar los contenidos de un sitio web se le denomina:
   - ☐ *a)* Plugin.
   - ☐ *b)* Categoría.
   - ☐ *c)* Tag.
   - ☐ *d)* Widget.

2. Los usuarios de tipo Editor pueden realizar las siguientes tareas:
   - ☐ *a)* Crear usuarios, cambiar temas.
   - ☐ *b)* Moderar comentarios y escribir posts o páginas.
   - ☐ *c)* Instalar plugins y cambiar widgets.
   - ☐ *d)* Todas las opciones anteriores son correctas.

3. La biblioteca de medios permite gestionar:
   - ☐ *a)* Las imágenes.
   - ☐ *b)* Los comentarios.
   - ☐ *c)* Los plugins.
   - ☐ *d)* Los usuarios.

4. Una imagen es un elemento atractivo dentro de un sitio web. En WordPress las imágenes:
   - ☐ *a)* No tienen limitación de tamaño.
   - ☐ *b)* Tienen un tamaño máximo de 5 kB.
   - ☐ *c)* Tienen un tamaño máximo de 2 MB.
   - ☐ *d)* Ninguna de las opciones anteriores es correcta.

5. Las categorías y los tags se diferencian en:
   - ☐ *a)* Un tag y una categoría es lo mismo.
   - ☐ *b)* Un tag permite categorizar un elemento.
   - ☐ *c)* Un tag permite describir un elemento y una categoría clasificar el elemento.
   - ☐ *d)* Un tag es una aplicación de software y una categoría clasifica el elemento.

6. Una lista negra permite:
   - ☐ *a)* Bloquear usuarios o direcciones IP según se necesite.
   - ☐ *b)* Impedir que un usuario pueda administrar una página.
   - ☐ *c)* Bloquear a un usuario, pero solo desde una dirección IP concreta.
   - ☐ *d)* Todas las opciones anteriores son correctas.

7. Los elementos multimedia:
   - ☐ *a)* Permiten que los usuarios se suscriban a los contenidos de la página.
   - ☐ *b)* Permiten dotar a nuestro sitio web de mayor interactividad y consiguen un aspecto más atractivo para el usuario.
   - ☐ *c)* Permiten definir la apariencia de la web.
   - ☐ *d)* Todas las opciones anteriores son correctas.

8. Algunas de las características de las categorías son:
   - ☐ *a)* Permiten estructurar la información y definen cuál es el tema de que trata un post.
   - ☐ *b)* Permiten estructurar la información y añadir nuevas funcionalidades a la web.
   - ☐ *c)* Permiten definir los temas y la apariencia de la web.
   - ☐ *d)* Ninguna de las opciones anteriores es correcta.

9. ¿En WordPress puede haber una categoría dentro de otra?
   - ☐ *a)* No.
   - ☐ *b)* Claro, utilizando un plugins específicos.
   - ☐ *c)* No, en WordPress no existen las categorías, solo los menús.
   - ☐ *d)* Claro, además en muchas ocasiones es necesario establecer subcategorías.

10. Al elemento existente en WordPress a través del cual se enlaza a las categorías, a las páginas y a las entradas de nuestro sitio o bien a enlaces personalizados se le denomina:

    - ☐ *a) Slug.*
    - ☐ *b) Permalink.*
    - ☐ *c)* Post.
    - ☐ *d)* Menú.

SOLUCIONES:

1. a **b** c d	**5.** a b **c** d	
2. a **b** c d	**6.** **a** b c d	**9.** a b c **d**
3. **a** b c d	**7.** a **b** c d	**10.** a b c **d**
4. a b **c** d	**8.** **a** b c d	

6

Programación de documentos web utilizando lenguajes de script de servidor

Objetivos

- ✓ Aprender qué es un lenguaje de script del lado del servidor.
- ✓ Saber qué tipos de datos hay y el uso de variables en el lenguaje de script más usado en la actualidad: PHP.
- ✓ Conocer los diferentes tipos de instrucciones de PHP y su funcionamiento.
- ✓ Aplicar las instrucciones en la resolución de scripts en PHP.
- ✓ Conocer el uso de entornos de desarrollo sobre los que trabajar con el lenguaje PHP.
- ✓ Entender los métodos diferentes para procesar los datos enviados desde un formulario a una página PHP.
- ✓ Realizar ejemplos del uso del lenguaje para aprender a programar documentos web.
- ✓ Integrar los formularios HTML y el lenguaje PHP.

Mapa conceptual

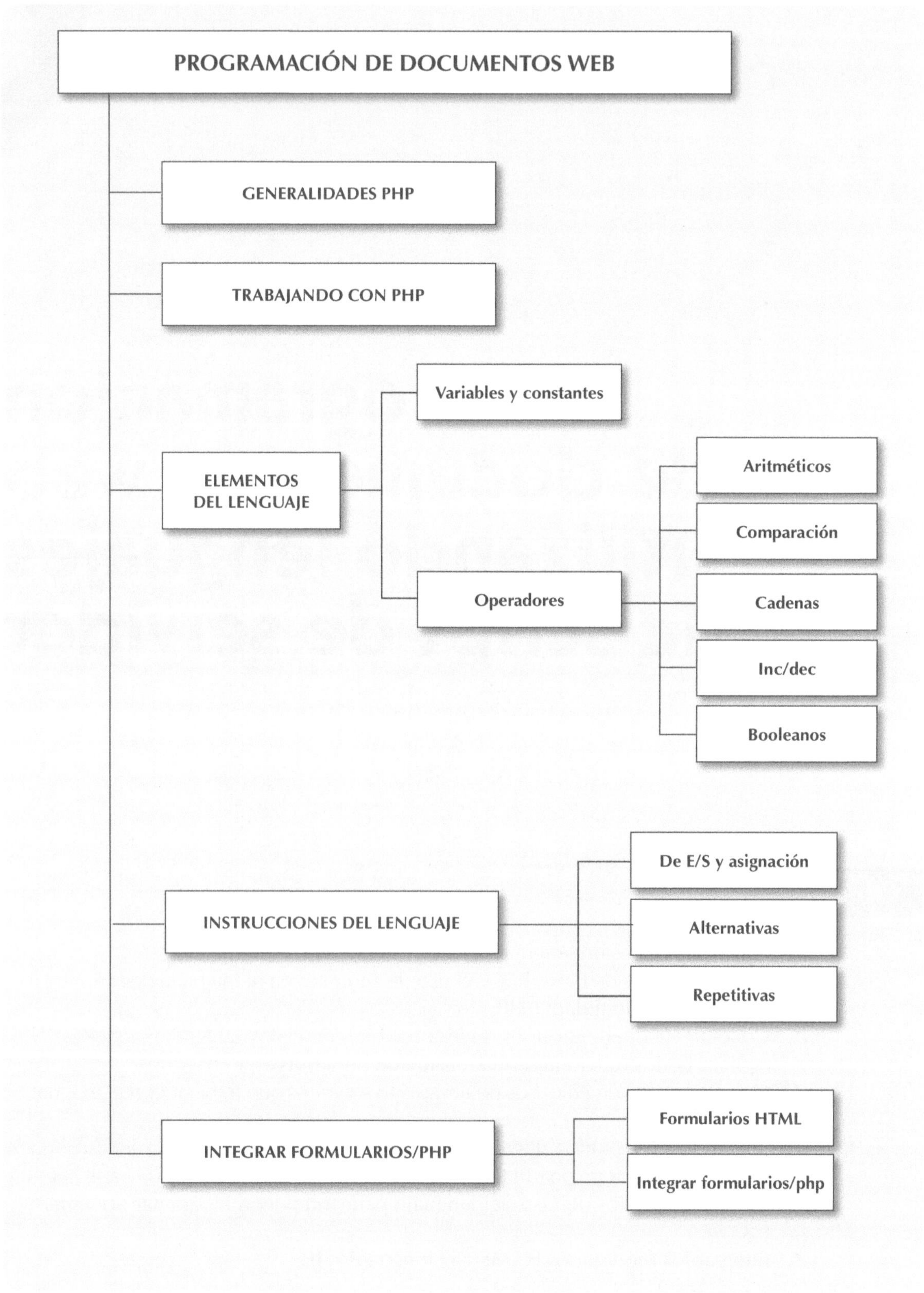

Glosario

Ámbito. Aplicado a las variables de un programa hace referencia al lugar donde se pueden utilizar. Se diferencian dos: global y local.

Bases de datos NoSQL. No utilizan como lenguaje principal de consultas el lenguaje SQL.

Case-sensitive. Escritura de palabras en un entorno informático en el que no es indistinto utilizar mayúsculas o minúsculas para un mismo término.

Compilación. Proceso por el cual un programa escrito en un lenguaje de programación se transforma en lenguaje máquina.

IDE *(integrated development environment)*. Programa que dispone de un conjunto de herramientas informáticas integradas para facilitar la labor de desarrollo.

IIS *(Internet information server)*. Creado por Microsoft, se usa dentro de sistemas Windows. Admite gran cantidad de protocolos como HTTP o FTP o SMTP entre otros.

JVM *(Java virtual machine)*. Máquina virtual que permite ejecutar código en lenguaje Java de forma independiente del sistema operativo y que garantiza la portabilidad de los programas.

Lenguaje de script o scripting. Lenguaje de programación que se utiliza incrustado dentro de otro lenguaje. Se caracterizan también porque no necesitan ser compilados.

Supervariable. Tipo de variable del lenguaje PHP cuyo ámbito de actuación es todo el script.

Webnode. Sistema multiplataforma que permite crear de forma rápida, sin necesidad de programar, páginas web desde diferentes dispositivos.

Wix. Plataforma de desarrollo web que permite crear sitios web mediante la técnica de arrastrar y soltar elementos, por tanto sin programar.

6.1. Introducción

Desde que Internet nació allá por los finales de los 80, el número de páginas web no ha cesado de crecer. Actualmente hay cerca de 2.000.000 y la cifra aumenta rápidamente. Para poder crear una página web podemos optar por un desarrollo rápido utilizando plataformas como Webnode o Wix, donde no es necesario programar, o se puede optar por utilizar un lenguaje de marcado como HTML. Ahora bien, el lenguaje HTML tiene ciertas limitaciones cuando se quiere construir páginas dotadas de dinamismo. Las páginas dinámicas, a diferencia de las estáticas, pueden variar su contenido en cada ejecución de la página y es posible implementar gran cantidad de funcionalidades y realizar consultas a bases de datos. Para poder programar una página dinámica no solo es necesario utilizar HTML, sino que también hace falta un sistema gestor de base de datos y algún lenguaje de programación de script del lado del servidor.

Aunque existen multitud de lenguajes de scripting, los más usados son: ASP, JSP y PHP. Cualquiera de los mencionados permite el acceso a bases de datos. Por otra parte, todos los sitios construidos, al tener una interpretación común, serán visualizados de la misma manera:

1. ASP (*active server pages*) es un lenguaje similar a Visual Basic. Es propiedad de Microsoft.
2. JSP (*Java server pages*) utiliza código Java, por lo que puede ser ejecutado en cualquier sistema donde exista una máquina virtual de Java.
3. PHP (*hypertext preprocessor*) es un lenguaje de libre distribución cuya sintaxis está basada en el lenguaje C. Es uno de los más usados en la actualidad por múltiples razones: velocidad, estabilidad, seguridad. Es relativamente sencillo de aprender y dispone de múltiples funcionalidades, por lo que será el lenguaje que aprenderemos a continuación.

WWW **Recurso web**

¿Te gustaría saber cuáles son los lenguajes de programación en los que están hechos grandes plataformas como, por ejemplo, Netflix? A través del siguiente código QR podrás acceder al vídeo de Codemiters Academy, donde podrás aprenderlo.

6.2. Generalidades sobre PHP

Antes de comenzar, veamos en la figura 6.1 un poco de la historia de PHP.

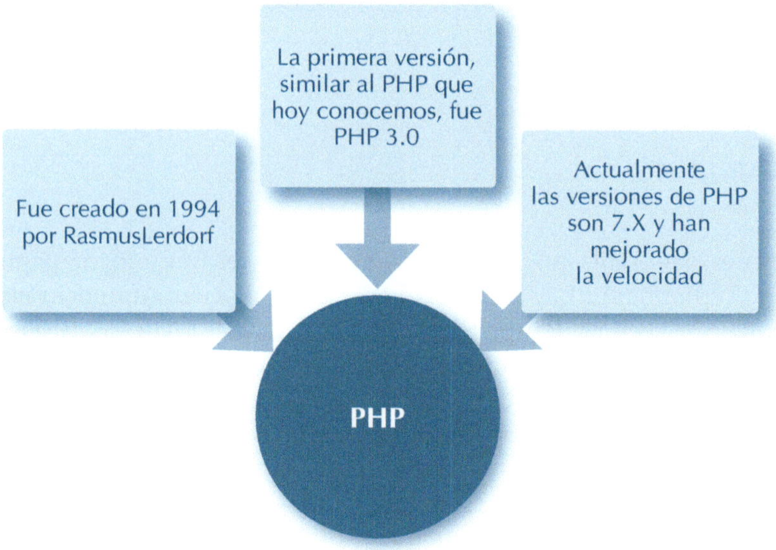

Figura 6.1
Breve historia de PHP.

PHP permite implementar dentro de un sitio web cualquier funcionalidad típica que se pueda necesitar, bien sea el procesamiento de un formulario o un contador de visitas. En el caso de que la web necesite acceder a bases de datos tiene conectores tanto para bases de datos SQL como para bases de datos NoSQL. Además, es multiplataforma y existe como módulo para multitud de servidores web. Normalmente PHP se utiliza junto con el servidor web Apache y el SGBD MySql.

Como todos los lenguajes de script del lado del servidor, PHP se incrusta a través de una etiqueta en una página HTML. Por otra parte, al ser ejecutado en el lado servidor, el código nunca podrá ser visualizado por los usuarios.

Para comenzar a desarrollar un programa en PHP es posible utilizar cualquier editor de texto tipo NotePad++. Hay que tener en cuenta que es un lenguaje *case-sensitive*, por lo tanto no es indistinto utilizar mayúsculas o minúsculas. Todas las instrucciones del lenguaje se separan mediante punto y coma. En cuanto a las etiquetas utilizadas es necesario usar una de inicio y otra de fin:

```
<?php
     Instrucciones
?>
```

El siguiente programa, escrito en PHP, mostraría en la pantalla del ordenador el mensaje: *"Hello World"*:

```
<html>
 <head>
  <title>PHP Test</title>
 </head>
 <body>
  <?php echo '<p>Hello World</p>'; ?>
 </body>
</html>
```

Figura 6.2
Programa "HelloWorld".

SABÍAS QUE...

Wikipedia está desarrollada en PHP y Facebook está programada en PHP.

Actividad propuesta 6.1

¿Sabrías decir algunas de las ventajas de usar PHP? Anótalas y justifica tu respuesta.

6.3. Trabajando con PHP

Como antes se explicó, es suficiente un editor de texto simple para poder empezar a escribir un programa en PHP. Al ser un lenguaje multiplataforma podemos encontrarnos con diferentes entornos de desarrollo, aunque todos tendrán en común los elementos que se indican en la figura 6.3.

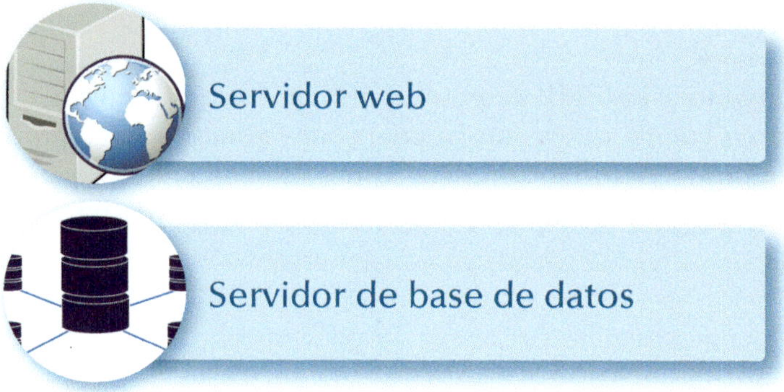

Figura 6.3
Elementos para el desarrollo de una aplicación PHP.

Con objeto de no tener que realizar instalaciones individuales del servidor web y del servidor de base de datos, se puede optar por un paquete integrado como XAMPP. Este paquete, creado por Apache, permite a través de su instalador disponer del entorno necesario para trabajar con PHP, puesto que permite la instalación conjunta del lenguaje y de los servidores, tanto de base de datos como web. Se puede optar por descargar el paquete integrado a través de la página www.apachefriends.org/es/download.html. En función del sistema operativo se procederá a descargar un instalador para Windows, OS o Linux. También es aconsejable, por comodidad, utilizar un entorno de desarrollo integrado o IDE como DevPHP o PHPEdit.

Independientemente del tipo de entorno seleccionado, los pasos necesarios para conseguir que un script PHP funcione son los que se enumeran en la figura 6.4.

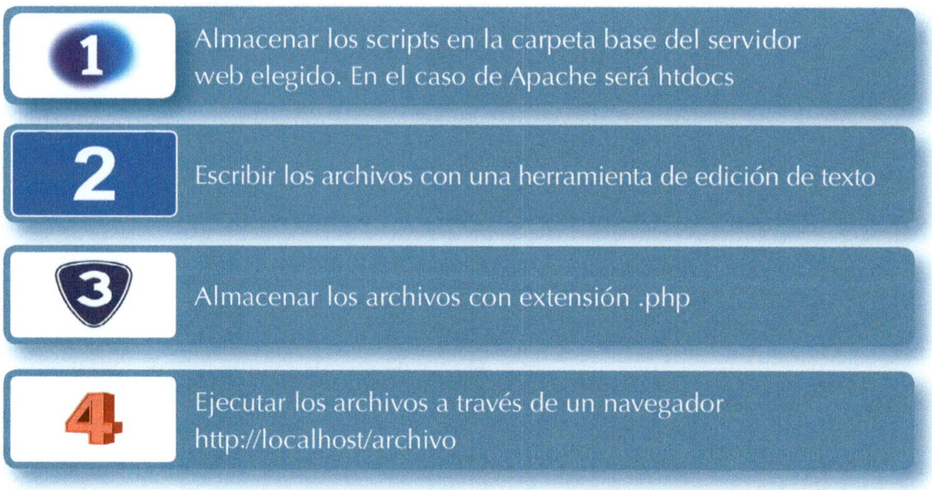

Figura 6.4
Pasos para trabajar con script en PHP.

PARA SABER MÁS

Las bases de datos noSQL muestran bastantes diferencias con respecto a las relacionales. La diferencia fundamental estriba en que las relacionales utilizan las tablas como mecanismo de almacenamiento, mientras que las noSQL usan otras formas alternativas de almacenamiento.

Otro paquete integrado, muy usado en entornos Windows, es WampServer. WampServer permite también crear, tanto para entornos Windows de 32 bits como de 64 bits, aplicaciones web con Apache, PHP y MySql. A diferencia de Xampp, que utiliza la carpeta "htdocs", la carpeta base donde el servidor busca los archivos es "www". Para descargar la aplicación accederemos a su página web www.wampserver.com/en.

Tanto en Xampp como en WampServer dispondremos de un panel de control. En ese panel tendremos acceso tanto a los ficheros de configuración del servidor web o de la base de datos como a la administración de los servicios.

Recurso web

WWW

Accede a través de este código QR a un tutorial de STM-Blog para aprender a instalar WampServer.

Actividades propuestas

6.2. ¿Qué carpeta base utiliza el servidor web IIS (*internet information server*)?

6.3. Si no tenemos realizada la instalación típica del servidor en la que este escucha por el puerto 80, ¿cómo podríamos ejecutar el script PHP?

6.4. ¿Cómo se llama el paquete integrado disponible para Linux?

6.5. Instala WampServer en tu ordenador y documenta brevemente el proceso.

6.6. Durante el tema hemos hablado de distintos editores de texto. Un editor muy usado, por su versatilidad, es *brackets*. Realiza una pequeña documentación sobre *brackets* y su utilidad.

6.4. Elementos del lenguaje: variables y constantes, tipos de datos, operadores, instrucciones

6.4.1. Variables y constantes

PHP, como todos los lenguajes, utiliza identificadores para poder nombrar a los objetos que manejan los programas. Estos identificadores pueden ser variables o constantes. En el primer caso, hablaremos de objetos que pueden alterar su valor a lo largo de la ejecución del script; en el segundo caso el identificador no varía su valor.

Los valores que pueden contener los objetos dependen de los tipos de datos. Los tipos de datos que pueden ser usados en PHP son:

1. Escalares: *boolean*, *integer* (entero), *double*, *string* (*character*)
2. Compuestos: *array*, *object*
3. Especiales: *resource*, *NULL*

Hablemos de los tipos escalares y de lo que pueden contener cada uno de ellos para determinar cuál sería el más adecuado para una determinada variable (cuadro 6.1).

CUADRO 6.1
Tipos de datos.

Abreviatura	Tipo	Memoria requerida	Observaciones
int	Entero	2 bytes	Para cantidad, días, meses...
long	Entero largo	4 bytes	Permite tener un rango más amplio de enteros
char	Carácter	1 bytes	Independiente o parte de una cadena
float	Decimal simple	4 bytes	Muestra hasta 6 decimales y admite enteros
double	Decimal compuesto	8 bytes	Muestra hasta 14 decimales y admite enteros

Tanto los nombres de las variables como los de las constantes tienen que cumplir las reglas que se establecen en el lenguaje PHP. En el caso de las variables tendremos en cuenta lo que se indica en la figura 6.5.

El siguiente ejemplo asigna a una variable llamada "Editorial" una cadena de texto:

```
$editorial= "Síntesis";
```

Para poder definir una constante hay que utilizar la función Define y tener en cuenta las siguientes normas:

- ✓ Las constantes no se referencian con el símbolo $.
- ✓ La función define tiene la sintaxis:

```
define ("NOMBRE CONSTANTE", "VALOR CONSTANTE");
```

✓ Las constantes solo puede definirse con los tipos escalares (boolean, integer, double, string).

Si quisiéramos declarar una constante llamada "libro" tendríamos que utilizar la función define conforme a lo anteriormente expuesto:

```
define ("libro", "Implantación de aplicaciones web");
```

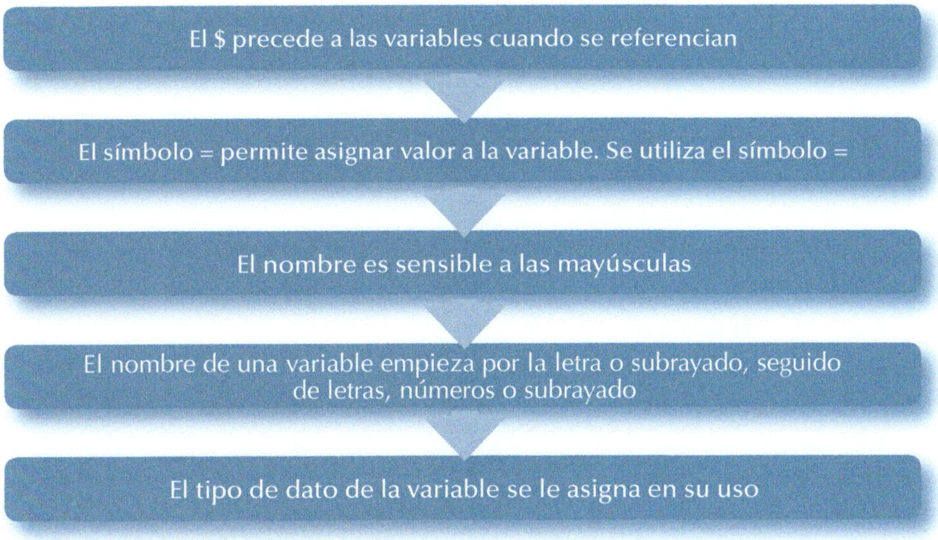

Figura 6.5
Reglas para nombrar variables.

RECUERDA

✓ Entender qué son las variables y cómo funcionan es fundamental dentro de un lenguaje. Cuando se define una variable, se reserva una porción de espacio en la memoria, su valor podrá cambiar a lo largo de la ejecución de un programa. Las variables además pueden tener diferentes ámbitos. En función del ámbito podrán ser utilizadas en parte o en la totalidad de un programa. Cuando una variable se puede usar en cualquier parte de un script PHP se dice que su ámbito es global.

6.4.2. Operadores

A través de los operadores es posible definir el tipo de operación que se va a realizar entre un valor y un conjunto de valores. Los datos que aparecen en una expresión junto con los operadores se denominan *operandos*.

En la figura 6.6 se pueden observar los diferentes tipos de operadores existentes.

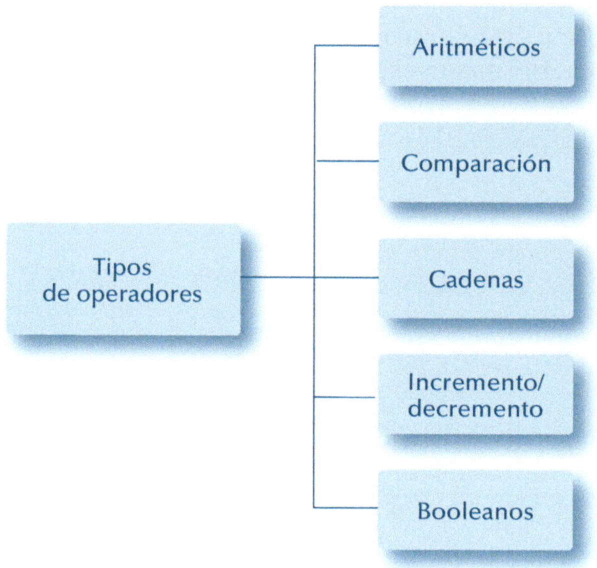

Figura 6.6
Tipos de operadores.

A) *Operadores aritméticos*

Los operadores aritméticos son los habituales en las operaciones numéricas que frecuentemente realizamos. Si suponemos que "numa" y "numb" son dos variables en PHP de tipo numérico podríamos formar expresiones con los operadores aritméticos semejantes a las siguientes:

- Suma: $numa+$numb
- Diferencia: $numa−$numb
- Producto: $numa×$numb
- División: $numa/$numb
- División entera: (int)$numa/$numb
- Resto división: $numa%$numb
- Potencia:pow($a,$b)
- Raíz cuadrada: sqrt($a)

B) *Operadores de comparación*

Los operadores de comparación son útiles para poder verificar una condición formada. Utilizando nuestras supuestas variables "numa" y "numb" se podrían formar expresiones que realicen comparaciones como las que a continuación se muestran:

- ✓ Igualdad: $numa = = $numb
- ✓ Diferentes: $a ¡= $b

- ✓ Mayor que: $a > $b
- ✓ Menor que: $a < $b
- ✓ Mayor o igual que: $a >= $b
- ✓ Menor o igual que: $a <= $b

C) *Operadores de incremento/decremento*

Los operadores de incremento/decremento nos permiten incrementar o decrementar el valor de una variable. Suponiendo una variable numérica denominada "numa":

- Preincremento: ++$numa
- Postincremento: $numa++
- Predecremento: --$numa
- Postdecremento: $numa--

D) *Operadores booleanos*

También se denominan lógicos y se utilizan para realizar la evaluación de una expresión:

- ✓ Andó&&: Operación lógica "y"
- ✓ or ó| |:Operación lógica "o"
- ✓ xor: Operación lógica "xor", devuelve verdadero si solo uno de los términos de la expresión es verdadero.
- ✓ !: Operación para cambiar el resultado de la expresión al valor contrario.

E) *Operadores cadena*

Los operadores cadenas se usan con datos que sean de tipo string. Por ejemplo, si dentro de un script PHP tenemos dos variables llamadas "nombre" y "apellidos", al concatenarlas obtendremos los valores "nombre" y "apellidos" unidos.

- $nombre = "María Pilar";
- $apellidos = "Paredes Colmenar";
- $nombreCompleto = $nombre . $apellidos; // obtendremos "María Pilar Paredes Colmenar"
- Concatenación: El operador que concatena es el punto ".".

Recurso web

Visita la página oficial de PHP para aprender sobre la precedencia de los operadores. Accede a través de este código QR.

6.4.3. Instrucciones del lenguaje

Todos los lenguajes disponen de diferentes tipos de instrucciones en función del propósito que tienen. Así pues, tenemos que diferenciar entre los tipos de instrucciones recogidos en el cuadro 6.2.

CUADRO 6.2
Tipos de datos.

Instrucción de entrada	Recoge valor desde un periférico de entrada y lo asigna a una variable.
Instrucción de salida	Envía a un periférico de salida el valor que contiene una variable.
Instrucción de asignación	Permite que una variable contenga un valor o un resultado de una expresión.
Instrucción de control	Permiten variar el flujo de instrucciones de un programa para que no sea secuencial.

El siguiente script permite asignar valores a dos supuestas variables denominadas "estación" y "meses", además de visualizar su contenido a través de la instrucción de salida echo.

Si ejecutamos el script anterior en la pantalla visualizaríamos el resultado mostrado en las figuras 6.7 y 6.8.

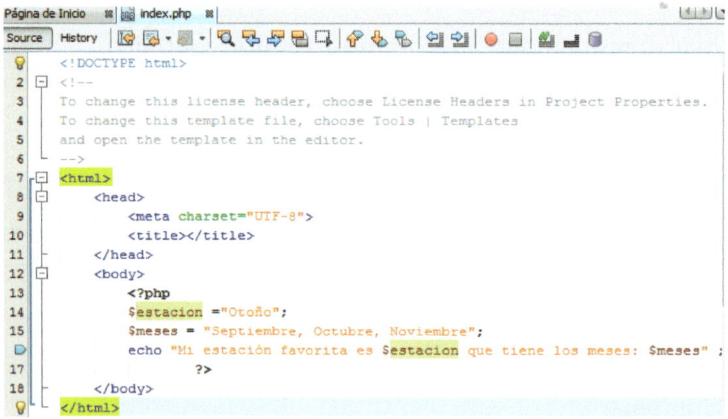

Figura 6.7
Scripts con variables.

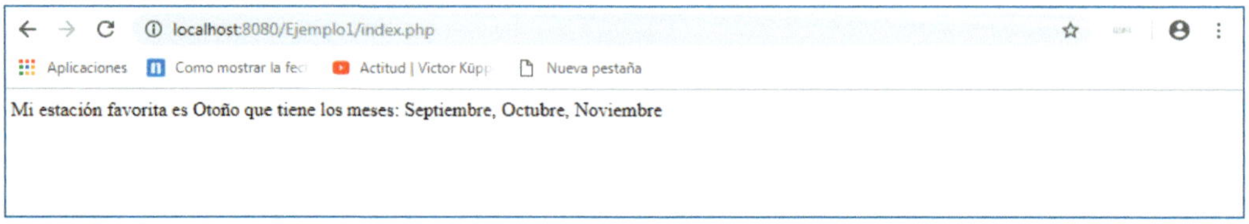

Figura 6.8
Ejecución del script.

Las instrucciones de control se dividen a su vez en otros dos tipos, que permiten establecer alternativas o realizar procesos repetitivos (figura 6.9).

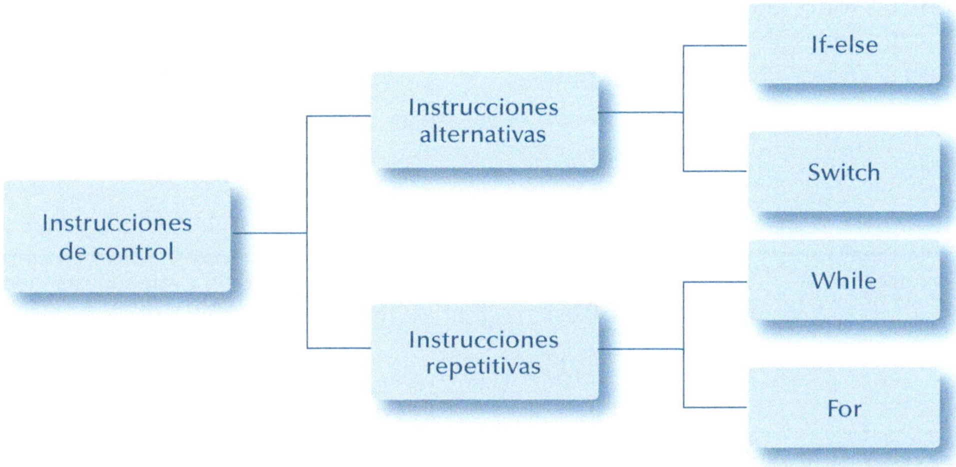

Figura 6.9
Tipos de instrucciones de control.

Recurso web *www*

En la página oficial de PHP puedes trabajar con distintos ejemplos del lenguaje y obtener información sobre la sintaxis. Accede a través de este código QR.

A) *Instrucciones de entrada, salida y asignación*

A través de las instrucciones de entrada se reciben los datos desde el exterior del programa, que posteriormente podrán ser procesados. En PHP, como veremos en siguientes apartados, se necesita utilizar un control de formulario para poder recoger valores.

Respecto a las instrucciones de salida es posible enviar información a la pantalla tanto con el comando *echo* como con el comando *print*.

Por último las instrucciones de asignación posibilitan, a partir de la evaluación de una expresión, almacenar el resultado en una variable.

B) *Instrucciones alternativas o condicionales*

Mediante las instrucciones alternativas o condicionales es posible alterar la secuencia de ejecución de las instrucciones de un programa. De forma genérica una instrucción de tipo alternativa permite, tras la evaluación positiva o negativa de una condición, la ejecución de un grupo de instrucciones u otro. Dentro de este tipo de instrucciones tenemos:

- ✓ Instrucciones alternativas simples.
- ✓ Instrucciones alternativas dobles.
- ✓ Instrucciones alternativas múltiples.

CUADRO 6.3
Tipos de instrucciones alternativas.

Instrucción alternativa simple	Se ejecutan las instrucciones cuando la condición evaluada sea cierta. La sintaxis en PHP es:
	
	`if (condicion)`
	`    sentencia`

Instrucción alternativa doble	Al evaluar la condición, si esta es cierta se ejecuta la instrucción o instrucciones correspondientes a la rama del if; en caso contrario, las instrucciones que se ejecuten serán las de la rama del else. La sintaxis es:
	
	`if (condicion) {`
	`   Instrucciones;`
	`} else {`
	`   Instrucciones;`
	`}`

Instrucción alternativa múltiple	Combinación de múltiples sentencias if. La sintaxis es:
	
	`if (condicion1) {`
	`   echo "a es mayor que b";`
	`} elseif (condicion2) {`
	`   echo "a es igual que b";`
	`} else {`
	`   echo "a es menor que b";`
	`}`

Veamos un ejemplo de uso de instrucción de alternativa doble en el cual, en función del valor de una supuesta variable llamada "edad", aparecerá un mensaje de saludo en la pantalla indicando si eres o no mayor de edad. En este script el resultado sería: "Eres mayor de edad"

```
<?php
$edad= 20;
   if ($edad>=18)
         $saludo = "Eres mayor de edad";
   else
         $saludo = "Eres menos de edad";
         print ($saludo);
?>
```

TOMA NOTA

Si hay más de una sentencia en alguna de las ramas de las instrucciones alternativas, es necesario encerrarlas entre llaves para poder delimitarlas de forma correcta.

Actividades propuestas

6.7. Si modificamos el valor de la variable edad y le asignamos el número 15, ¿cuál sería la salida del script?

6.8. ¿Existe alguna estructura en PHP de nombre switch? ¿Cómo funciona? Pon un ejemplo.

C) *Instrucciones repetitivas*

Dentro de las instrucciones de control las instrucciones repetitivas permiten la iteración de un conjunto de instrucciones denominado *rango*. Las instrucciones de este tipo se conocen como *bucles*. El número de iteraciones puede ser conocido de antemano o indeterminado en función del tipo de instrucción repetitiva utilizado. Las instrucciones repetitivas que permiten la ejecución indeterminada del rango de instrucciones necesitan evaluar una condición en cada vuelta del bucle. Esta condición puede estar establecida al inicio o al final del proceso repetitivo.

Hay tres tipos de instrucción repetitiva:

- Instrucción while.
- Instrucción do while.
- Instrucción for.

while (condición)
sentencia/s

do
sentencia/s
while (condición)

for (inicialización;
condición; incremento)
sentencia/s

Figura 6.10
Tipos de instrucción repetitiva.

El siguiente script, ejemplo de utilización del bucle while, permite escribir en la pantalla los veinte primeros números naturales.

```
<?php
   $num=1;
   while ($i<=20 {
   echo "El número es:". $num. "<br/>";
   $num++;}
?>
```

WWW **Recurso web**

¿Te ha quedado claro el funcionamiento de los bucles? Accediendo a través de este código QR podrás ver un vídeo del canal Píldoras Informáticas de Juan Gómez en el que el autor profundiza sobre cómo funcionan.

Actividades propuestas

6.9. Escribe, utilizando el bucle do while, el script que genera los 20 primeros números naturales.
6.10. Escribe, utilizando el bucle for, un script que genere los 40 primeros pares.
6.11. Escribe, utilizando el bucle while, un script que sume los primeros 10 números naturales.

6.5. Entornos de trabajo

Como antes se explicó, es posible editar scripts PHP utilizando un editor simple como NotePad++, sin embargo, es mucho más práctico para desarrollar programas utilizar los IDE. Mediante los IDE el programador tiene disponible de forma integrada un conjunto de herramientas de programación. Las herramientas más importantes que contiene son las que se recogen en la figura 6.11.

Existen IDE libres y propietario. En función de las herramientas de que dispongan, del lenguaje de programación o de los lenguajes que soporten y del sistema operativo, optaremos por un entorno de desarrollo u otro. Algunos ejemplos son:

- ✓ Eclipse.
- ✓ NetBeans.
- ✓ JDeveloper de Oracle.
- ✓ Anjunta.
- ✓ Clarion.
- ✓ Microsoft Visual Studio.

Figura 6.11
Componentes de un IDE.

De todos los IDE que existen, uno de los más recomendables es Netbeans, ya que, además de soportar otros lenguajes, como Java, ofrece un conjunto de valiosas herramientas a los desarrolladores de PHP como el autocompletado de código o la posibilidad de generar documentación para nuestro programa con una herramienta denominada PHPDoc.

Desde la página de Netbeans podemos descargarlo, conforme a la plataforma de nuestro ordenador (https://netbeans.org/downloads/) y al lenguaje que queremos que soporte, en nuestro caso PHP.

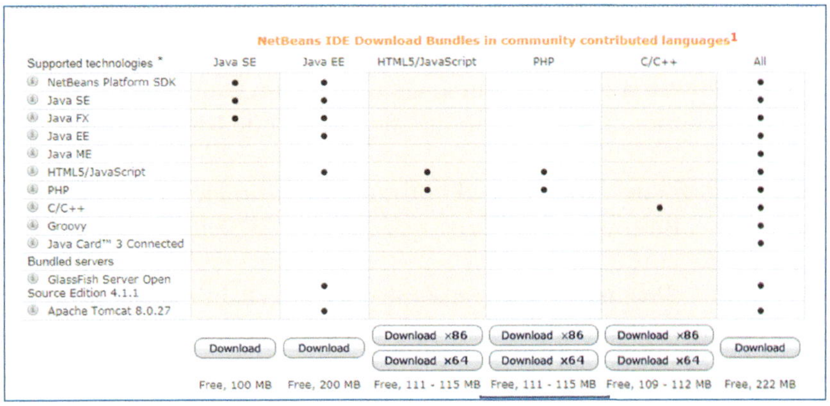

NetBeans IDE Download Bundles in community contributed languages[1]

Supported technologies *	Java SE	Java EE	HTML5/JavaScript	PHP	C/C++	All
NetBeans Platform SDK	•	•				•
Java SE	•	•				•
Java FX	•	•				•
Java EE		•				•
Java ME						•
HTML5/JavaScript		•	•	•		•
PHP			•	•		•
C/C++					•	•
Groovy						•
Java Card™ 3 Connected						•
Bundled servers						
GlassFish Server Open Source Edition 4.1.1		•				•
Apache Tomcat 8.0.27		•				•
	Download	Download	Download x86 Download x64	Download x86 Download x64	Download x86 Download x64	Download
	Free, 100 MB	Free, 200 MB	Free, 111 - 115 MB	Free, 111 - 115 MB	Free, 109 - 112 MB	Free, 222 MB

Figura 6.12
Descarga de Netbeans para PHP.

Una vez descargado el archivo, el proceso de instalación comienza con un asistente que te guiará durante todo el proceso. Como es habitual, habrá que aceptar tanto los términos de la licencia como seleccionar el directorio donde queremos que el entorno de desarrollo sea instalado.

TOMA NOTA

Los entornos de desarrollo no son solamente editores de código; tienen otras muchas funcionalidades que ayudan en la construcción de un programa, como la posibilidad de utilizar las herramientas de depuración, que nos permiten localizar con rapidez posibles errores. Además, los entornos de desarrollo integrados tienen la posibilidad de utilizar herramientas de control de versiones.

6.6. Integración formularios-lenguaje

6.6.1. Formularios en HTML

Un formulario HTML es un documento con controles y texto. El objetivo es procesar la información que un usuario genere interaccionando con él mismo. Toda la información que genere un usuario a través de un formulario tendrá que ser procesada utilizando un agente de procesamiento como un servidor de correo, un servidor web o un lenguaje de script como PHP.

Existen diferentes tipos de controles de formularios. Entre los más comunes están: etiquetas, cajas de texto, listas de selección, botones, casillas de verificación y botones de radio.

Recordemos que es necesario empezar con las etiquetas <form>:<form></form>para poder realizar un formulario. Con estas etiquetas se delimita el principio y el final, por lo que entre ambas estará contenido tanto el texto como los controles que formen el formulario. Para indicar que se desea añadir un control hay que hacerlo a través de las etiquetas <input></input>. Algunas de las propiedades de los controles de los formularios son:

1. name="nombre". Identifica al control dentro del formulario. Este identificador será utilizado para enviar la información al agente de procesamiento.
2. type="tipo". Permite indicar el tipo de control: caja de texto, casilla verificación, botón de opción, etc.
3. autofocus="autofocus". Establece el enfoque sobre un elemento determinado.
4. disabled="true". Propiedad booleana que habilita/deshabilita un control impidiendo que se interactúe con él.
5. readonly="true". Propiedad booleana que permite habilitar/deshabilitar la modificación del contenido de un control.
6. autocomplete="on/off". Da la opción de completar el control.

WWW **Recurso web**

Accede a través del siguiente código QR a un vídeo de Jonathan Melgoza en el que puedes recordar cómo hacer un formulario con HTML y PHP desde cero.

Además, debemos tener en cuenta las siguientes propiedades de los formularios:

- name=“nombre”. Asocia un nombre a un formulario.
- method=“valor”. Valores posibles del método de envío de información.
  - get : Es el método por defecto. Los datos son visibles ya que se incrustan en la URL.
  - post: Los datos no son visibles puesto que se envían de forma transparente.
- action=“URL o mailto”. Permite que el navegador sepa qué tiene que hacer con la información del formulario cuando es pulsado el botón de enviar.
- target=“valor”. Dependiendo del valor de action se indica el lugar donde se abrirá la URL.

Veamos a continuación un ejemplo simple de formulario con dos cuadros de texto para introducir el modelo de teléfono y la marca, y dos botones de opción para poder elegir el sistema operativo:

```
<form action="ejemploform.php" method="get">
   <p>Telefono: <input type="text" name="telefono" size="30"></p>
   <p>Marca: <input type="marca" name="marca" ></p>
   <p>Sistema operativo:
         <input type="radio" name="so" value="A">Android
         <input type="radio" name="so" value="I">Ios
   </p>
   <p>
         <input type="submit" value="Enviar">
         <input type="reset" value="Borrar">
   </p>
</form>
```

Recurso web WWW

Para aprender más sobre los formularios en HTML puedes visitar w3schools a través del siguiente código QR.

6.6.2. Integrar formularios-PHP

La información generada dentro del formulario HTML puede ser procesada en un script PHP. Hay que tener en cuenta que, al enviar los datos, independientemente de que sea con GET o con POST, el atributo name del control del formulario tendrá su correspondencia con su variable homónima.

Analicemos un ejemplo sencillo de procesamiento de información en PHP. Para ello crearemos un script denominado “pantallausuario.php”.

En este primer script:

1. Tendremos dos controles de tipo caja de texto a través de los cuales se recoge un nombre de usuario y un departamento.

2. Al pulsar el botón, se envía el contenido a otro script PHP denominado "procesarinfo.php", que mostrará en la pantalla los valores introducidos en las cajas de texto.

En el segundo script:

Se asocia una variable a cada control enviado del formulario mostrando a través de la instrucción de salida print su valor.

CODIGO pantallausuario.php

```
<html>
   <body>
   <form>
   <form action="procesarinfo.php" method="post">
         Usuario: <input type="text" name="usuario">
         Departamento: <input type="text" name="departamento">
   <input type="submit" value="aceptar">
   </form>
   </body>
</html>
```

CODIGO procesarinfo.php

```
<html>
<body>
<?php
   print ("El usuario es: $usuario");
   print("El departamento es $departamento");
?>
</body>
</html>
```

Con la instrucción print mostramos la información enviada a través de la URL. Ahora bien, en PHP, a través de las supervariables, o sea variables que pueden ser utilizadas dentro de todo el ámbito del script, existen otras maneras de tratar esa información (cuadro 6.4).

CUADRO 6.4
Supervariables en PHP.

Supervariables	Función principal
$_REQUEST	Tratar variables independientemente del método de envío
S_GET	Tratar variables enviadas con el método *get*
$_POST	Tratar variables enviadas con el método *post*

Existen otras supervariables, que no son objeto de estudio de este libro, que permiten también recoger y tratar la información, y que mejoran aspectos como la seguridad. Independientemente de cuál sea la supervariable que se use, la sintaxis utilizada será:

```
$_VARIABLE['NOMBREVARIABLE']
```

Si quisiéramos usar una supervariable en el script "procesarinfo.php" tendríamos que escribir el siguiente código:

CODIGO procesarinfo.php

```
<html>
<body>
<?php
   $usuario=$_REQUEST['usuario'];
         $departamento=$_REQUEST['departamento'];
         print ("El usuario es $usuario");
         print ("El departamento es $departamento");
?>
</body>
</html>
```

En los ejemplos anteriores no se ha implementado ningún control de validación de los datos. Uno de los posibles errores que se podrían producir al recepcionar la información sería provocado por el hecho de que no se enviase ningún valor; en ese caso, tanto en e$_GET como en $_POST o en $_REQUEST se produce un error de "variable indefinida". Para poder establecer si una variable está definida y no es NULL se puede utilizar la función PHP denominada *isset*. La función isset devuelve el valor booleano TRUE en el caso de que la variable esté bien definida y FALSE en caso contrario.

Si quisiéramos validar si las variables están bien definidas podríamos modificar "procesarinfo.php" de la siguiente manera:

```
<?php
   if (isset($_POST['usuario']))
   {
         echo "La variable tiene contenido \$_POST['usuario']";
   }
   if (isset($_POST['departamento']))
   {
         echo "La variable tiene contenido \$_POST['departamento']";
   }
?>
```

Otras comprobaciones que podríamos hacer en la recepción de la información tienen que ver, por ejemplo, si los tipos de datos y los valores tienen la correspondencia esperada. Las comprobaciones más habituales que hay que realizar son:

1. Determinar si hay valores vacíos.
2. Determinar el tamaño del campo.
3. Comprobar si un valor es numérico o no.
4. Determinar la validez de un correo electrónico.

Algunas de las funciones que podríamos utilizar son las que se recogen en el cuadro 6.5.

CUADRO 6.5
Algunas funciones de PHP.

Función	Sirve para
is_bool()	Función booleana para chequear la naturaleza de un campo supuestamente booleano.
is_string()	Función booleana para chequear la naturaleza de un campo supuestamente de tipo string.
is_numeric()	Función booleana para chequear la naturaleza de un campo supuestamente numérico.
is_null()	Función booleana para chequear que exista contenido en un campo.
FILTER_VALIDATE_BOOLEAN()	Filtro booleano para validar si el dato es de tipo lógico.
FILTER_VALIDATE_EMAIL()	Filtro booleano para validar si el e-mail es correcto.
FILTER_VALIDATE_INT()	Filtro booleano para validar si es o no un número entero.
FILTER_VALIDATE_FLOAT()	Filtro booleano para validar si es o no un float.
FILTER_VALIDATE_URL()	Filtro booleano para validar si es o no una URL válida.

PARA SABER MÁS

Además de las múltiples funciones del lenguaje, es posible definir en PHP funciones de usuario. Las funciones de usuario crean bloques de código que pueden ser reutilizados en diferentes partes de un programa o incluso en otros programas. Por lo tanto, son una técnica de programación que ayuda a conseguir legibilidad y a reducir código.

Para poder definir una función se utiliza la palabra reservada function, seguida del nombre de la función, y a continuación entre paréntesis los posibles argumentos de la función. Las líneas de código se encierran entre llaves. Una vez creada la función podrá ser usada dentro del script.

Actividades propuestas

6.12. Resuelve en tu ordenador todos los ejemplos anteriormente desarrollados.

6.13. Realiza un formulario en HTML que recoja los datos académicos de un alumno y los procese en un script php.

6.14. Visita la página oficial de php: http://php.net/manual/es/filter.examples.validation.php y realiza en tu ordenador los ejemplos que vienen descritos.

Resumen

- Los lenguajes de script son lenguajes de programación que pueden ser insertados dentro de un documento HTML. Existen lenguajes de script tanto del lado del servidor como del lado del cliente. De los numerosos lenguajes de script existentes el más usado es PHP.
- El lenguaje PHP es un lenguaje sencillo de aprender, libre, multiplataforma y dispone de gran cantidad de herramientas.
- El lenguaje PHP es muy potente. Dispone incluso de características de la programación orientada a objetos.
- Podemos escribir un programa en PHP usando un editor de texto simple o bien podemos decantarnos por utilizar un entorno de desarrollo integrado, también denominado IDE.
- Los IDE proporcionan un conjunto de herramientas que facilitan el trabajo del programador. Herramientas destacables de los entornos de desarrollo integrados son el control de versiones, el editor de texto, el depurador de código y el autocompletado de código.
- El código de los archivos PHP va entre dos etiquetas de inicio y cierre y su extensión es .php.
- Los fundamentos del lenguaje PHP son similares a cualquier otro lenguaje de programación. Dispone de constantes, variables e instrucciones. Las instrucciones son tanto de salida como de control.
- Una variable toma su tipo la primera vez que se utiliza. El lenguaje dispone de funciones de conversión entre tipos, si fuera necesario.
- Existen operadores diversos en PHP, dependiendo de los tipos de los datos que formen parte de la expresión que se desea generar.
- Los datos que se envían a través de un formulario se pueden recepcionar en una página PHP.
- Existen dos métodos para enviar los datos de un formulario para su procesamiento: GET y POST.

Práctica guiada

[PASO 1] Supongamos que a través de un formulario nos gustaría recoger datos sobre qué libro prefiere un determinado usuario y qué otros libros estaría dispuesto a leer. Las premisas sobre los elementos que contendrá el formulario son las siguientes:

- Recogeremos datos personales del tipo: nombre, apellidos, correo electrónico y ciudad. Obligaremos a que sea obligado introducir estos datos.
- El posible libro favorito será presentado al usuario a través de una lista desplegable. Respecto a qué libro está dispuesto a leer permitiremos que elija uno entre tres posibles.

La información que se recoja a través de dicho formulario la procesaremos posteriormente en una página PHP. La página se llamará "procesar_info.php".

Conforme a las premisas anteriores, el aspecto del formulario que se desea construir es:

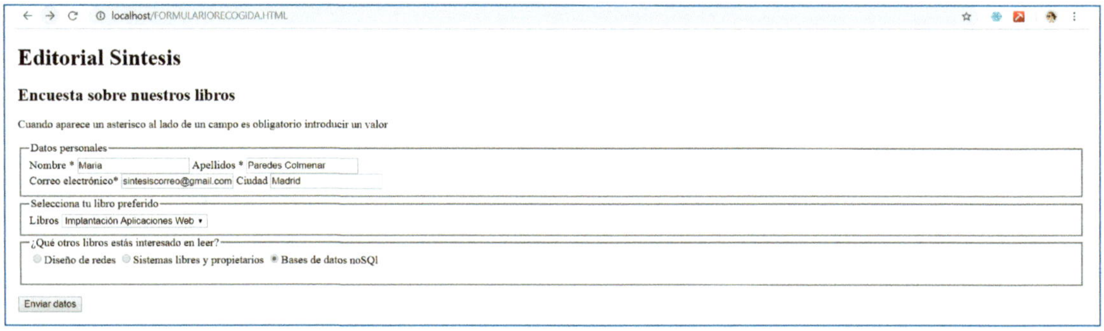

Figura 6.13
Aspecto del formulario de recogida de datos.

[PASO 2] Escribamos el código necesario para conseguir un formulario como el mostrado en el paso anterior. Para ello, podemos optar por utilizar un editor de texto simple o un entorno de desarrollo integrado. A continuación se mostrará el cuerpo del formulario:

```
<body>
    <h1>Editorial Sintesis</h1>
    <h2>Encuesta sobre nuestros libros </h2>
    <p>Cuando aparece un astetisco al lado de un campo es obligatorio introducir un valor</p>
    <form action="procesar_info.php" method="post" enctype="application/x-www-form-urlencoded">

        <fieldset><legend>Datos personales</legend>
            <label for="nombre">Nombre *</label>
                <input name="nombre" type="text" maxlength="30" id="nombre" required autofocus />
            <label for="apellidos">Apellidos *</label>
                <input name="apellidos" type="text" maxlength="50" id="apellidos" /><br/>
            <label for="correo">Correo electrónico*</label>
                <input name="correo" type="email" maxlength="30" id="correo" />
            <label for="ciudad">Ciudad</label>
                <input name="ciudad" type="text" maxlength="50" id="ciudad" /><br/>
        </fieldset>
        <fieldset><legend>Selecciona tu libro preferido</legend>

            <label for="libros">Libros </label>
                <select name="libro" id="libro">
                    <option value="iaw">Implantación Aplicaciones Web</option>
                    <option value="gbd">Bases de datos</option>
                    <option value="lm">Lenguaje de Marcas</option>
                    <option value="ed">Entornos de desarrollo</option></select>
        </fieldset>
        <fieldset><legend>¿Qué otros libros estás interesado en leer?</legend>

                <label for="redes"><input type="radio" name="oplibro" value="redes" id="redes" checked/>Diseño de redes</label>
                <label for="sistemas"><input type="radio" name="oplibro" value="sistemas" id="sistemas"/>Sistemas libres y propietarios</label>
                <label for="bd"><input type="radio" name="oplibro" value="bd" id="bd"/>Bases de datos noSQl</label></p>

        </fieldset>
        <p><input type="submit" value="Enviar datos"/></p>
    </form>
</body>
</html>
```

Figura 6.14
Cuerpo del formulario.

No olvides que es necesario almacenar la página en el directorio donde tu servidor web vaya a buscar las páginas. Por ejemplo, si suponemos que en tu ordenador tienes realizada la instalación de WampServer, el directorio donde tendrás que almacenar la página será www.

[PASO 3] Construyamos ahora el script PHP. Para ello debes tener en cuenta el nombre de los elementos del formulario anteriormente construido. Con estos nombres tendrás que trabajar en el script para poder almacenar los valores recepcionados en diferentes variables. Por otra parte, hay que almacenar el script con el nombre que has establecido en el parámetro action: procesar_info.php. El código del script PHP que procesa la información de formulario es el siguiente:

```
<!DOCTYPE html>
<html  lang="es">
    <head>
        <meta charset="utf-8"/>
        <title>Los libros de la Editorial Sintesis</title>
    </head>
<body>

    <h1>Resultado de la encuesta sobre nuestros libros Editorial Sintesis</h1>
    <?PHP
     print ("<H1>El formulario de PHP. Resultados del formulario</H1>\n");
     $nombre = $_REQUEST['nombre'];
     $apellidos = $_REQUEST['apellidos'];

     $libro = $_POST['libro'];
     $otrolibro= $_POST['oplibro'];

 //Impresión de los datos recogidos

     print ("<P>Los datos que se han introducido son:</P>\n");

     print ("<UL>\n");

     print ("   <LI>Nombre  del usuario: $nombre \n");
     print ("   <LI>Apellidos del usuario: $apellidos \n");

     print ("   <LI>Libro favorito: $libro\n");

     print ("   <LI>Otro libro: $otrolibro\n");

     print ("</UL>\n");


?>
```

Figura 6.15
Código procesar_info.php.

[PASO 4] Ejecutemos ahora el formulario. Supongamos que introducimos a través de los controles del formulario nuestros datos personales. También tendremos que seleccionar un libro de la lista desplegable y optar por una opción de las tres que tenemos:

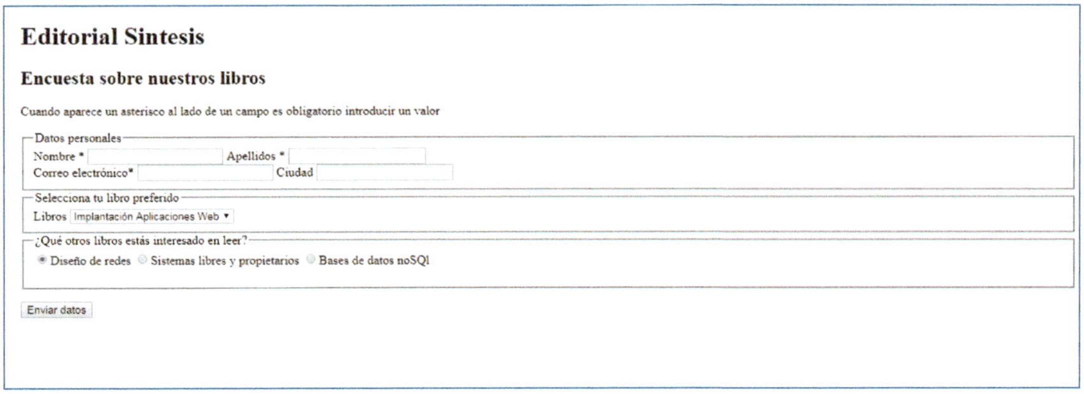

Figura 6.16
Formulario de recogida de datos.

[PASO 5] Al hacer clic sobre el botón Enviar datos será enviado el contenido de los campos del formulario al script PHP para que sea procesado. El resultado será el siguiente:

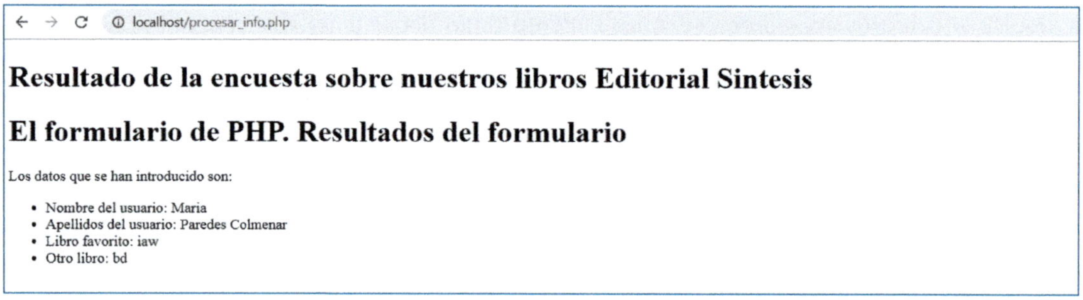

Figura 6.17
Procesamiento de información en el script PHP.

Práctica propuesta

Imaginemos que una tienda veterinaria denominada "CyberAnimals" quiere que le realicemos un pequeño sitio web donde los clientes puedan simular cuál es el precio final de los productos que pueden comprar a través de la página.

Mediante un formulario el usuario podrá:

a) Introducir su nombre.
b) Seleccionar de una lista el tipo de producto (pienso, correas).
c) Seleccionar de una lista el número de unidades (de 1 al 5).
d) Seleccionar de una lista la marca del producto (Marca1, Marca2).

La información introducida por el cliente será procesada en un script PHP. Las opciones son:

- Si el cliente seleccionó PIENSO y es de Marca 1 el precio de cada unidad es 35 euros.
- Si el cliente seleccionó PIENSO y es de Marca 2 el precio de cada unidad es 25 euros.
- Si el cliente seleccionó CORREAS y es de Marca 1 el precio de cada unidad es 20 euros.
- Si el cliente seleccionó CORREAS y es de Marca 2 el precio de cada unidad es 15 euros.

Hay que escribir el código correspondiente al formulario HTML y al script PHP de forma que el cliente pueda obtener en la pantalla un mensaje con su nombre y el coste final de su posible pedido, teniendo en cuenta que puede haber solicitado más de una unidad del producto.

ACTIVIDADES DE AUTOEVALUACIÓN

1. PHP es un lenguaje de script del lado de:
   - ☐ *a)* El servidor.
   - ☐ *b)* El cliente.
   - ☐ *c)* En ambos lados.
   - ☐ *d)* PHP es un lenguaje de marcado no de script.

2. La instrucción while:
   - ☐ *a)* Permite evaluar distintas alternativas pero solo una será ejecutada.
   - ☐ *b)* Permite iterar un número indeterminado de veces un conjunto de instrucciones.
   - ☐ *c)* Permite iterar un número determinado de veces un conjunto de instrucciones.
   - ☐ *d)* Permite iterar un número indeterminado de veces un conjunto de instrucciones tras la evaluación de una condición.

3. ¿Qué tipo de operadores existen en PHP?
   - ☐ *a)* Aritméticos, booleanos y numéricos.
   - ☐ *b)* Aritméticos, de comparación, cadenas, lógicos y de incremento/decremento.
   - ☐ *c)* Aritméticos, comparación, cadenas y lógicos.
   - ☐ *d)* Solo aritméticos y numéricos.

4. ¿Cuáles son los métodos de envío de información de un formulario?
   - ☐ *a)* GET y POST.
   - ☐ *b)* GET, Request y POST.
   - ☐ *c)* Request, Server, GET y POST.
   - ☐ *d)* Al enviar un formulario no es necesario especificar el método.

5. La función isset permite:
   - ☐ *a)* Comprobar el valor de un campo.
   - ☐ *b)* Comprobar la validez de una dirección IP.
   - ☐ *c)* Comprobar si un valor está bien establecido.
   - ☐ *d)* Todas las opciones son correctas.

6. Los entornos de desarrollo integrado soportan:
   - ☐ *a)* Un único lenguaje de programación.
   - ☐ *b)* Varios lenguajes de programación.
   - ☐ *c)* No soportan lenguajes de programación.
   - ☐ *d)* Depende del entorno soportan uno o varios lenguajes.

7. Un entorno de desarrollo integrado nos permite:
   - ☐ *a)* Ahorrar tiempo en el desarrollo.
   - ☐ *b)* Personalizar el entorno a nuestro gusto.
   - ☐ *c)* Trabajar de manera eficaz evitando que tengamos que realizar muchas instalaciones.
   - ☐ *d)* Todas las opciones anteriores son correctas.

8. Las instrucciones alternativas se clasifican en:
   - ☐ *a)* Control y repetitivas.
   - ☐ *b)* Simples y dobles.
   - ☐ *c)* Simples, dobles y múltiples.
   - ☐ *d)* Simples y múltiples.

9. Las variables se pueden definir como:
   - ☐ *a)* Espacio en la memoria cuyo valor puede ser alterado a lo largo de la ejecución de un programa.
   - ☐ *b)* Espacio en la memoria cuyo valor no puede ser alterado a lo largo de la ejecución de un programa.
   - ☐ *c)* Espacio en un programa donde se declaran objetos.
   - ☐ *d)* Ninguna de las opciones anteriores es correcta.

10. Todos los programas escritos en PHP tienen la extensión:
    - ☐ *a)* .php
    - ☐ *b)* .html
    - ☐ *c)* .asp
    - ☐ *d)* No hay extensión en los programas PHP.

SOLUCIONES:

1.	a
2.	d
3.	b
4.	a
5.	c
6.	d
7.	d
8.	c
9.	a
10.	a

7

Acceso a base de datos desde lenguajes de script de servidor

Objetivos

- ✓ Aprender el esquema general de acceso a bases de datos desde un lenguaje de script.
- ✓ Saber conectar desde PHP a un sistema gestor de bases de datos.
- ✓ Aprender los comandos que permiten seleccionar bases de datos desde PHP.
- ✓ Conocer los comandos para poder crear una tabla desde una base de datos accedida desde PHP.
- ✓ Lanzar consultas de selección sobre las tablas de una base de datos.
- ✓ Ejecutar sentencias de actualización sobre una o más tablas, sentencias de eliminación sobre una o más tablas y sentencias de inserción.
- ✓ Conocer los fundamentos de seguridad de un sitio web.

Mapa conceptual

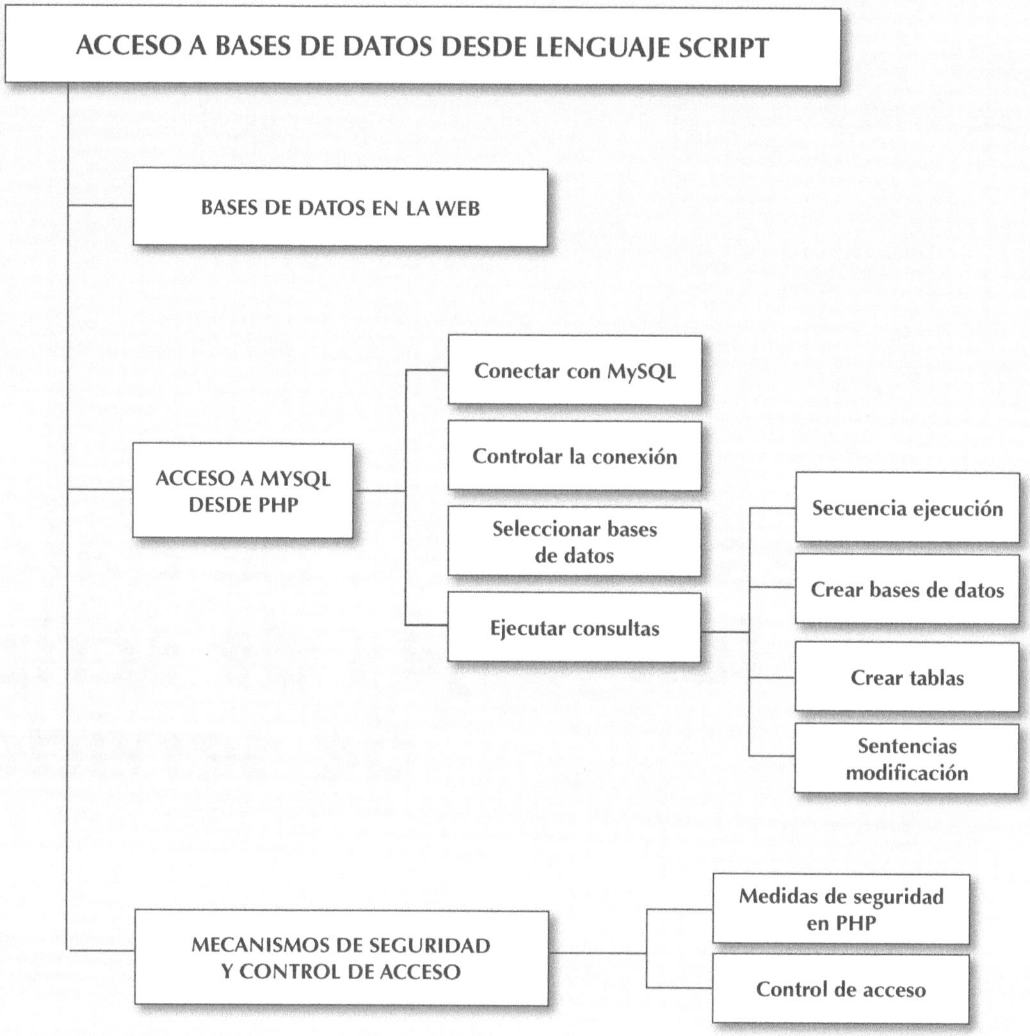

Glosario

API (***application programming interface***). Son las reglas que usan los componentes de software para poder comunicarse entre sí.

Cookie. Información generada por un sitio web que es almacenada en un fichero de texto para ser utilizada después.

Denegación de servicio. Tipo de ataque que sobrecarga un sistema informático con el fin de evitar que este funcione con normalidad.

Driver. Controlador. Software que posibilita la comunicación del sistema operativo con un elemento hardware.

DSN (*data source name*). Son estructuras de datos que almacenan la información que necesita un controlador ODBC para poder conectar a un determinado origen de datos.

Inyección SQL. Ataque contra un sitio web. Se lanza una consulta SQL con propósito malicioso.

MySQLi (MySQL *improved*). Es una API usada desde PHP para poder acceder a una base de datos MySQL.

ODBC (*open database conectivity*). Estándar, desarrollado por Microsoft, que permite conectar con orígenes de datos para los que exista un driver.

PDO (*PHP data object*). API utilizada desde PHP para el acceso a diferentes bases de datos relacionales.

Result set. Conjunto de valores. Estructura de resultados en forma de tabla.

Sesión. Forma de almacenar la información para que pueda ser utilizada en diferentes páginas web de un mismo sitio.

7.1. Introducción

Para poder construir una página web dinámica es necesario utilizar tanto un lenguaje de script del lado del servidor, como PHP, como un sistema gestor de bases de datos para poder gestionar de forma adecuada toda la información que se genere en un sitio web. Al utilizar una base de datos será posible, dentro del sitio web, realizar operaciones como:

1. Establecer mecanismos de control de acceso a la web.
2. Guardar las preferencias de los usuarios.
3. Ofrecer información actualizada con frecuencia.
4. Buscar información.

El uso de bases de datos es, por tanto, imprescindible en una aplicación web actualmente. Además de poder realizar las operaciones anteriormente mencionadas, obtendremos los siguientes beneficios:

- ✓ Conservar los datos de manera permanente.
- ✓ Usar herramientas proporcionadas por un SGBD para poder gestionar usuarios.
- ✓ Emplear herramientas proporcionadas por un SGBD para poder gestionar datos.
- ✓ Mejorar la seguridad de la web, ya que los datos son almacenados en otro servidor, el servidor de bases de datos.
- ✓ Utilizar el lenguaje estándar SQL en el manejo de los datos almacenados.

7.2. Bases de datos en la Web

Como sabemos, lenguajes de script del lado del servidor hay muchos. Indistintamente del elegido, es necesario integrarle con un SGBD y para ello, de forma general, la secuencia de pasos que se ha de seguir es la que se muestra en la figura 7.1.

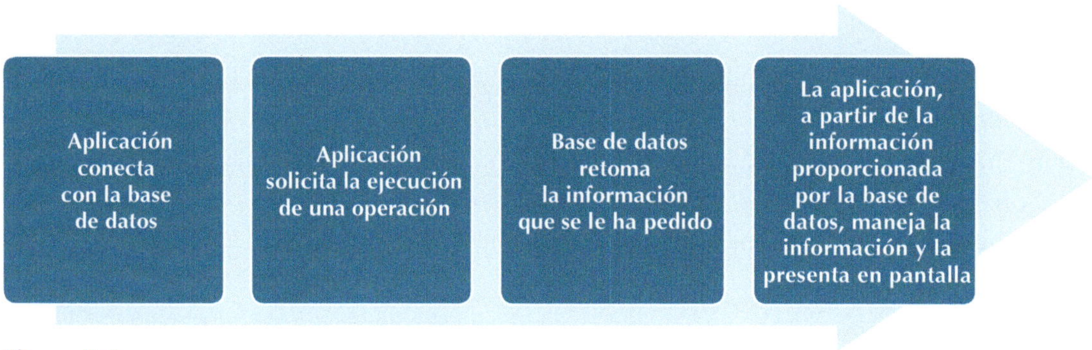

Figura 7.1
Integración lenguaje script y base de datos.

PHP puede servir para acceder a diferentes SGBD, datos tanto libres como propietario. Dependiendo de cuál sea el SGBD al que se quiere acceder, será necesario utilizar diferentes comandos.

En este libro nos centraremos en cómo conectar con MySQL desde PHP; sin embargo, sería posible utilizar el estándar ODBC (*open database conectivity*) para poder acceder a cualquier otro SGBD para el que exista un controlador. ODBC es una API que permite el acceso a cualquier origen de datos para el que exista un driver. Una API, *application programming interface,* no es más que un conjunto de reglas que permiten la comunicación entre distintos componentes de software.

ODBC es un estándar desarrollado por Microsoft, por lo tanto es una herramienta que podemos encontrar dentro del sistema operativo Windows.

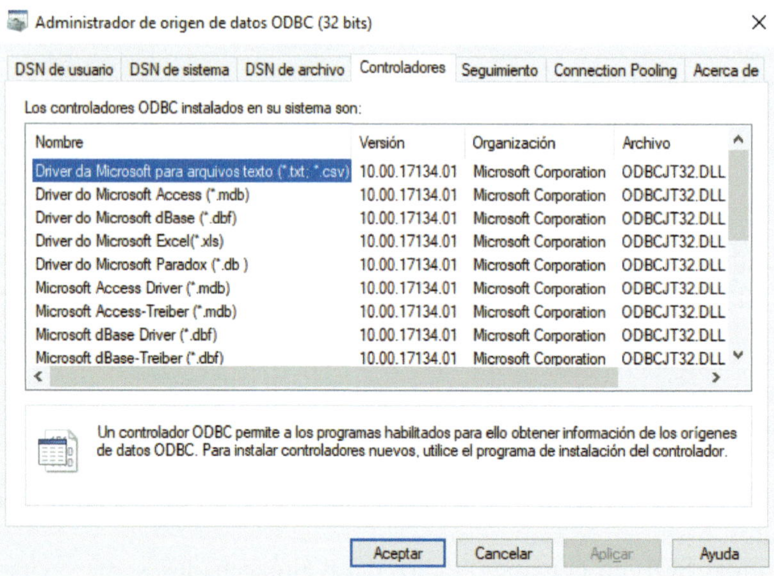

Figura 7.2
Administrador de origen de datos ODBC.

Para poder acceder al administrador de ODBC podemos buscar dentro del sistema la palabra ODBC; aparecerá en nuestra pantalla la ventana del administrador de origen de datos ODBC. A través del administrador podremos conectar con los distintos programas para los que existen drivers. Existen drivers ya preinstalados como los que permiten acceder a Microsoft Access o a SQL Server. Si deseamos acceder a una aplicación cuyo driver no está instalado, tendremos que acudir a la página oficial de la aplicación, descargarlo e instalarlo.

A través del administrador de origen de datos ODBC, figura 7.2 podemos conectar a un determinado origen de datos creando lo que se denomina un DSN (*data source name*). A través de ese DSN (del que existen tres tipos: usuario, sistema y archivo) es posible referenciar desde un programa el nombre asociado a la conexión con objeto de poder conectarnos a un determinado origen de datos. La ventaja de usar ODBC es que no es necesario, una vez creado un DSN para conectarnos a un determinado SGBD, modificar el código en PHP; sería suficiente con cambiar el driver.

Actividades propuestas

7.1. Consulta la página web http://php.net/manual/es/refs.database.php para saber cuáles son las bases de datos a las que se puede acceder desde PHP:

7.2. Investiga sobre las diferencias entre DSN de usuario, DSN de sistema y DSN de archivo. Elabora una pequeña tabla con el propósito de cada tipo de DSN.

Recurso web

www

Si quieres aprender cómo acceder a una base de datos con ODBC, visualiza el vídeo de Sergio Luján Mora (iDESWEB UA) desde el siguiente código QR.

7.3. Acceso a MySQL desde PHP

Toda aplicación que necesite acceder a la información de una base de datos MySQL desde PHP seguirá, de forma general, la secuencia de pasos que se muestra en la figura 7.3.

Partiremos de la suposición de que tenemos instalado correctamente MySQL y PHP. Para ello, un paquete integrado como XAMPP (estudiado al principio de este libro) puede sernos útil como entorno de partida. Pasemos a estudiar los diferentes pasos necesarios para acceder a MySQL.

Figura 7.3
Acceder a MySQL desde PHP.

7.3.1. Conectar con un servidor MySQL base de datos desde PHP

Para poder acceder a MySQL se pueden utilizar las siguientes API:

1. MySQLi (MySQL *improved*), o sea, es una versión mejorada del controlador MySQL que permite acceder a una base de datos MySQL desde PHP. Según la página oficial de PHP el uso de esta API frente a la anterior ofrece, entre otras, las siguientes ventajas:

    - Interfaz orientada a objetos.
    - Soporte para transacciones y diferentes declaraciones.
    - Soporte de depuración mejorado.
    - Funcionalidades más potentes.

2. PDO (*PHP data object*, objeto de datos PHP). Además de las características ofrecidas por MySQLi permite la conexión a diferentes tipos de bases de datos relacionales. Es decir, es posible establecer conexión no solo con una base de datos MySQL, sino también otros tipos como PostGreSQL o Informix.

La sintaxis para crear una nueva conexión es la que se muestra en el cuadro 7.1.

CUADRO 7.1
Sintaxis y parámetros de conexión desde PHP a una base de datos MySQL.

Nombreobjeto= new mysqli ("servidor", "usuario", "contraseña", "basedatos", puerto);	
PARÁMETROS CONEXIÓN	SERVIDOR: nombre del servidor MySQL con el que se desea conectar. También es posible utilizar la dirección IP.
	USUARIO: nombre del usuario de la base de datos con el que se desea conectar.
	CONTRASEÑA: valor del campo password correspondiente al usuario que inicia la conexión.
	BASEDATOS: se puede indicar el nombre de la base de datos sobre la que se desea trabajar o posteriormente seleccionarla o crearla dentro del servidor.
	PUERTO: puerto de escucha de MySQL. Si se omite se toma por defecto el 3306.

En el siguiente ejemplo, extraído del manual oficial de PHP, podemos observar una conexión a un servidor de MySQL instalado en la máquina local (figura 7.4).

```
<?php
$mysqli = new mysqli("localhost", "usuario", "contraseña", "basedatos");
if ($mysqli->connect_errno) {
    echo "Fallo al conectar a MySQL: (" . $mysqli->connect_errno . ") " . $mysqli-
>connect_error;
}
echo $mysqli->host_info . "\n";

$mysqli = new mysqli("127.0.0.1", "usuario", "contraseña", "basedatos", 3306);
if ($mysqli->connect_errno) {
    echo "Fallo al conectar a MySQL: (" . $mysqli->connect_errno . ") " . $mysqli-
>connect_error;
}

echo $mysqli->host_info . "\n";
?>
```

Figura 7.4
Ejemplo de conexión a MySQL. (Fuente: http://php.net/)

Supongamos ahora que tenemos instalado WampServer, entorno de desarrollo web bajo Windows que permite la creación de aplicaciones web con Apache, PHP y MySQL. Vamos a conectarnos a una base de datos del servidor. Para ello, desde el monitor de MySQL crearemos tanto la base de datos denominada "sintesis", como la tabla llamada "libros"; a continuación insertaremos varios registros (figura 7.5).

```
c:\wamp\bin\mysql\mysql5.5.24\bin\mysql.exe
mysql> create database sintesis;
Query OK, 1 row affected (0.00 sec)

mysql> use sintesis;
Database changed
mysql> create table libros (codlibro varchar(5), titulo varchar(20),
    -> pvp smallint);
Query OK, 0 rows affected (0.08 sec)

mysql> insert into libros values ("cod1", "IAW", 20);
Query OK, 1 row affected (0.05 sec)

mysql> insert into libros values ("cod2", "LM", 30);
Query OK, 1 row affected (0.03 sec)

mysql> insert into libros values ("cod3", "ADSO", 25);
Query OK, 1 row affected (0.03 sec)

mysql> insert into libros values ("co43", "ADBD", 15);
Query OK, 1 row affected (0.04 sec)

mysql> insert into libros values ("co53", "SRI", 26);
Query OK, 1 row affected (0.03 sec)

mysql> insert into libros values ("co63", "SEG", 29);
```

Figura 7.5
Creación de base de datos y de tabla en MySQL.

Escribamos ahora el script necesario para poder conectarnos a la base de datos anteriormente creada. El nombre del script será "conectar.php".

Para poder comprobar que la operación de conexión ha sido satisfactoria aparecerá en la pantalla un mensaje. El código del script resultante sería el que se muestra en la figura 7.6.

```php
<?php
    // Vamos a conectarnos a la base de datos sintesis
$servidor = "localhost";
$usuario = "root";
$password = "";
$basedatos="sintesis";

// Crear conexion
$conexion = new mysqli($servidor, $usuario, $password,$basedatos );
// Chequear conexion
if ($conexion->connect_error) {
    die("La conexion ha fallado: " . $conexion->connect_error);
} else
{
print "Ha sido un éxito la conexión";
}

?>
```

Figura 7.6
Código script de la conexión.

Si ejecutamos el script anterior, y teniendo en cuenta que todos los servicios están correctamente instalados y ejecutándose, aparecería en la pantalla el mensaje que se observa en la figura 7.7.

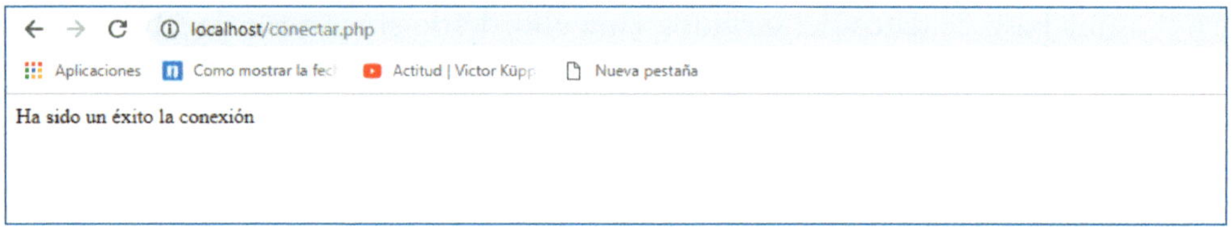

Figura 7.7
Ejecución del script.

Actividades propuestas

7.3. Reproduce el ejemplo anteriormente realizado.

7.4. Crea una base de datos llamada Eventos. Dentro de esa base de datos crea una tabla llamada Comidas_Familiares con los campos Fecha, Participantes, Motivo. Escribe un script PHP que conecte a la base de datos Eventos.

7.3.2. Controlar la conexión

Es necesario garantizar tanto la confiabilidad de la conexión como el uso adecuado de recursos. Por ello, hay que controlar los posibles errores que pudieran suceder y cerrar adecuadamente la conexión con la base de datos. La siguiente tabla muestra tanto el método que permite evitar que la conexión con la base de datos sea persistente como los métodos usados en la comprobación de errores.

CUADRO 7.2
Cerrar conexión y controlar errores.

Nombreobjeto→close (); (Nombreobjeto hace referencia al objeto usado en la conexión con la base de datos)	
CONTROL ERRORES	connect_error: método booleano para determinar si ha habido o no error.
	connect_errno: método que devuelve el número del error acontecido.
	error_list: método que determina la lista de todos los errores sucedidos durante la conexión.

Recurso web

www

A través del siguiente código QR puedes acceder al manual oficial de PHP, en el que puedes encontrar ejemplos resueltos del uso de los métodos anteriores.

7.3.3. Seleccionar bases de datos

Cuando la conexión se ha completado, aspecto ya estudiado, seguramente se desee trabajar sobre una base de datos determinada del servidor. Para poder seleccionar una base de datos hay que utilizar el método select_db(), cuyo argumento es el nombre de una base de datos. Este método, con carácter booleano, devuelve true en el caso de que la base de datos haya sido seleccionada de forma correcta y false en caso contrario.

RECUERDA

✓ Cuando se realiza la conexión al servidor MySQL también es posible pasar el nombre de la base de datos como argumento de la función de conexión, pero no es obligatorio. Otro argumento que también es opcional es el puerto. Si necesitamos conectar a un servidor MySQL que no esté escuchando por el puerto habitual, o sea el 3306, entonces es necesario indicarlo en la función de conexión.

7.3.4. Ejecutar consultas SQL

A) *Secuencia de ejecución de consultas*

Una vez que conocemos cómo poder establecer conexión con el servidor y seleccionar bases de datos, tenemos que aprender el modo de enviar consultas a MySQL para que sean procesadas. La función query permite la ejecución de una sentencia SQL. Los resultados retornados por la función, siempre y cuando se haya podido ejecutar y devuelva true, dependen del tipo de sentencia SQL enviada. Los resultados posibles son:

- ✓ En las instrucciones que devuelvan un conjunto de resultados tales como las de tipo Select, Show, Describe o Explain se retorna un objeto de tipo mysqli_result. El caso de la sentencia Select tiene un tratamiento especial, puesto que lo que se obtiene es lo que se denomina un conjunto de resultados o *result set*, es decir, realmente una estructura de resultados en forma de tabla que habrá que recoger en un *array asociativo*. Un array asociativo es una estructura de datos donde los índices corresponden a los nombres de los campos y los valores corresponden a la primera fila del resultado de la instrucción. Para poder recorrer fila a fila los resultados de este *result set* será necesario utilizar un método denominado *fetch_assoc*, usado dentro de una instrucción repetitiva.
- ✓ En cualquier otro tipo de instrucción, retorna el valor true si se ha podido ejecutar y false en caso contrario.

En el cuadro 7.3 se recoge tanto la sintaxis de la función como la secuencia general de pasos en la ejecución de una sentencia SQL.

CUADRO 7.3
Sintaxis función query y secuencia de pasos ejecución SQL desde PHP.

Nombreobjeto→query ("sentencia SQL"); (Nombreobjeto hace referencia al objeto usado en la conexión con la base de datos)	
CONTROL ERRORES	Escribir la sentencia SQL.
	Ejecutar la consulta SQL con la función query.
	Si la consulta retorna un conjunto de valores realizar un proceso que permita mostrar los datos en una página web.
	Cerrar la conexión con la base de datos.

Existen funciones de gran utilidad que se usan junto con la función query para poder trabajar de forma adecuada con el conjunto de resultados. Algunas de ellas son:

- num_rows: propiedad que retorna el número de filas correspondiente a la ejecución de una sentencia Select.
- data_seek: función que permite colocarse en un determinado número de fila del conjunto de resultados.

PARA SABER MÁS

Otras funciones muy interesantes son:

- *mysql_info:* muestra información de la última consulta ejecutada.
- *mysqli_affected_rows:*indica cuántas filas han sido afectadas en una consulta de tipo Insert, Update, Replace o Delete.
- *mysql_field_count:* devuelve el número de campos de la consulta más reciente.
- *mysqli_real_escape_string:*permite obviar los caracteres especiales para poder utilizarlos dentro de una sentencia SQL.

B) *Crear base de datos de MySQL desde PHP*

Una vez que la conexión con el servidor de MySQL ha sido establecida, podremos ejecutar diferentes sentencias SQL. Podemos, por ejemplo, crear una base de datos desde el script PHP.

Los pasos necesarios para poder crear una base de datos son:

1. Asignar a una variable el resultado de ejecutar la sentencia SQL "CREATE DATABASE".
2. Realizar una llamada a la función query, cuyo argumento será la variable en la que hemos almacenado la sentencia sql.

Escribamos ahora un script, de nombre "crearbd.php", que al ejecutarse creará una base de datos denominada "Animales" en el servidor de la base de datos. El código del script se expone en la figura 7.8.

```
<?php
    // Vamos a conectarnos a la base de datos sintesis
$servidor = "localhost";
$usuario = "root";
$password = "";

// Crear conexion
$conexion = new mysqli($servidor, $usuario, $password );
// Chequear conexion
if ($conexion->connect_error) {
    die("La conexion ha fallado: " . $conexion->connect_error);
}  else
{
print "Ha sido un éxito la conexión";
    }

// Crear base de datos
$sql = "CREATE DATABASE Animales";
if ($conexion->query($sql) === TRUE) {
    echo " La base de datos ha sido creada satisfactoriamente";
} else {
    echo "Ha sucedido un error en la creación de la base de datos: " . $conexion->error;
}

?>
```

Figura 7.8
Crear una base de datos desde PHP.

Al ejecutar el script, si la base de datos no existe o se produce algún error, aparecerán los mensajes correspondientes a la ejecución exitosa de la sentencia SQL. Podremos también comprobar la existencia de la base de datos en el servidor. En la imagen siguiente observamos tanto la ejecución del script como la comprobación en el servidor de la creación de la base de datos:

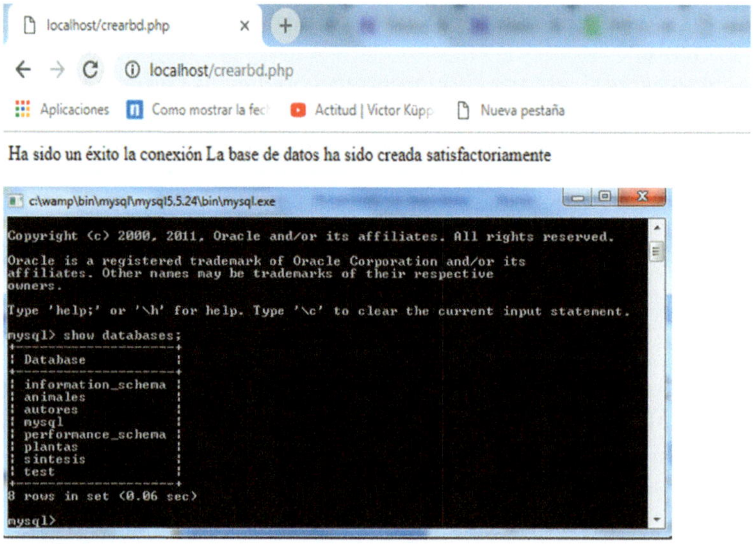

Figura 7.9
Salida del script y comprobación de la creación de la base de datos.

Actividades propuestas

7.5. Escribe y ejecuta en tu ordenador el ejemplo anteriormente explicado.

7.6. ¿Cuál es la salida del script crearbd.php si vuelves a ejecutarlo?

7.7. Escribe un script PHP que cree una base de datos denominada "Mascotas".

C) Crear tablas en una base de datos de MySQL desde PHP

En el caso de la creación de tablas el proceso es similar al expuesto anteriormente. La diferencia está en la sentencia SQL lanzada, que será de tipo Create table.

Vamos a crear en la base de datos "Animales" una tabla llamada "Perros" con los campos IdPerro, Nombre y Dueño. El script resultante, denominado "creartabla.php", será:

```php
<?php
    // Vamos a conectarnos a la base de datos sintesis
$servidor = "localhost";
$usuario = "root";
$password = "";
$basedatos= "Animales";
// Crear conexion
$conexion = new mysqli($servidor, $usuario, $password, $basedatos);
$conexion->set_charset("utf8");
// Chequear conexion
if ($conexion->connect_error) {
    die("La conexion ha fallado: " . $conexion->connect_error);
}  else
{
print "Todo ha ido genial  ";
    }
 $conexion->select_db($basedatos);
// Crear tabla
$sql = "CREATE TABLE Perros (idperro INT(2) PRIMARY KEY, nombre CHAR,dueño CHAR)";

if ($conexion->query($sql) === TRUE) {
    echo "  La Tabla Perros ha sido creada correctamente";
} else {
    echo "Ha ocurrido un Error: " . $conexion->error;
}
 ?>
```

Figura 7.10
Script de creación de la tabla.

Una vez ejecutado el script, si todo ha ido bien, se creará la tabla "Perros" en la base de datos "Animales". De manera semejante al caso de creación de base de datos, es posible comprobar la existencia de la tabla en la mencionada base de datos. La siguiente imagen muestra la ejecución del script y la comprobación de la creación de la tabla:

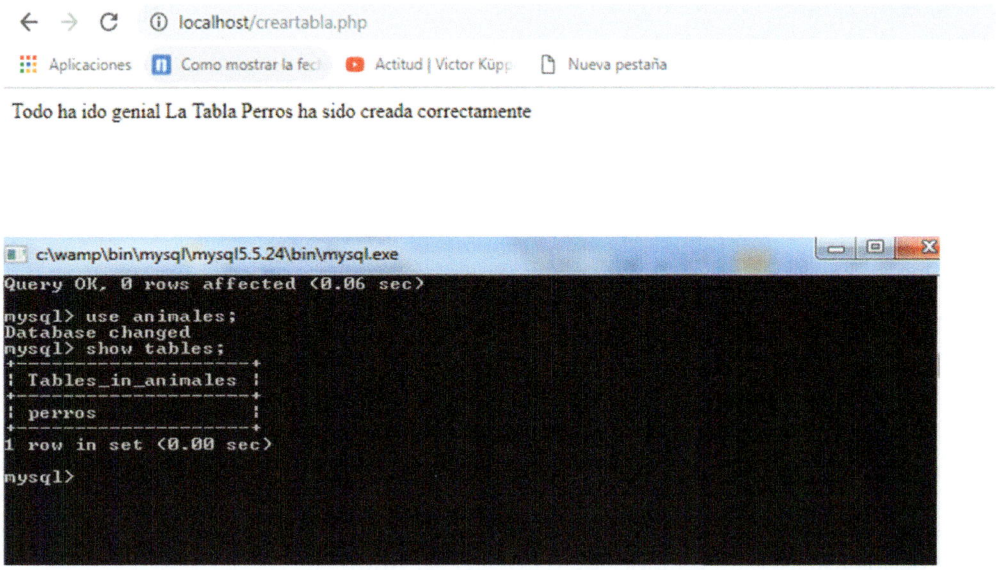

Figura 7.11
Ejecución script/creación tabla.

Actividad propuesta

7.8. Escribe ahora en tu editor el ejemplo anterior. Ejecútalo y comprueba el resultado.
7.9. ¿Cuál es la salida del script creartabla.php si vuelves a ejecutarlo?
7.10. Escribe un script PHP que cree una tabla llamada "Gatos" con los campos Raza, Fecha de nacimiento, Nombre y Dueño en la base de datos "Mascotas".

D) Ejecución sentencias de modificación desde PHP

Las sentencias que modifican las tablas de una base de datos son sentencias de tipo Insert, Unpate y Delete.

En el caso de querer cambiar los valores de uno o más campos de una tabla construiremos una sentencia de actualización. Para añadir registros utilizaremos la sentencia Insert. Para eliminar registros usaremos la sentencia Delete.

Una vez construida la sentencia deseada el proceso es similar al ya estudiado en los apartados anteriores.

Recurso web

WWW

A través del siguiente código QR accederás a un vídeo de Dostin Hurtado en el que verás algunos ejemplos de trabajos con las sentencias de modificación.

7.4. Mecanismos de seguridad y control de acceso

Todas las páginas web son vulnerables a amenazas externas. Por tanto, es necesario implementar diferentes mecanismos de seguridad. Sin extendernos sobre los problemas de seguridad que pueden tener tanto los propios servidores web o los diferentes lenguajes de programación, es necesario proteger con especial cuidado los datos almacenados.

Tengamos en cuenta que el propio SGBD es susceptible de ser atacado a través de la construcción de una sentencia SQL malintencionada. A este problema de seguridad se le denomina inyección SQL. De forma más técnica la inyección SQL es una forma de ataque informático en el cual, a través del uso de sentencias SQL, es posible mostrar datos ocultos como obtener las contraseñas de los usuarios de las bases de datos del servidor.

Según el INCIBE (Instituto Nacional de CiberSeguridad de España, https://www.incibe-cert.es/), los ataques de inyección vuelven a ser uno de los diez principales riesgos críticos de seguridad en las aplicaciones web. Estos riesgos se publican de forma anual en la página del INCIBE en un informe denominado *OWASP Top 10*.

OWASP Top 10 es un documento elaborado por la organización OWASP (open web application security project, proyecto abierto de seguridad en aplicaciones web) en el que se recogen los diez riesgos de seguridad más importantes en aplicaciones web. En la elaboración de *OWASP Top 10* participan diferentes entidades referentes del sector como Veracode. Veracode afirma que cerca del 70% de las aplicaciones analizadas no pasa una auditoría de seguridad respecto de las diez medidas del *OWASP Top 10*. En concreto, el fabricante asevera que en 2017 un 27,6 % de las aplicaciones analizadas son fácilmente vulnerables mediante inyecciones SQL. En la siguiente tabla, extraída de *OWASP 2017*, se observan las diez principales amenazas que sufren las aplicaciones web:

OWAPS TOP 10 - 2017	
0	A1 – Inyección
0	A2 – Pérdida de Autenticación
3	A3 – Exposición de Datos Sensibles
(*)	A4 - XML External Entities (XEE)
(**)	A5 - Perdida de Control de Acceso
-1	A6 – Configuración de Seguridad Incorrecta
-4	A7 – Secuencia de Comandos en Sitios Cruzados (XSS)
(*)	A8 - Deserialización insegura
0	A9 – Uso de Componentes con Vulnerabilidades Conocidas
(*)	A10 - Registro y monitorización insuficiente

Figura 7.12
Top diez amenazas a las aplicaciones web.
Fuente: www.owasp.org

TOMA NOTA

Algunos de los consejos para mejorar la seguridad de un sitio web son:

- Añadir directivas de seguridad en el servidor web.
- Instalar certificados de seguridad.
- Encriptar la información sensible.
- Buscar vulnerabilidades.
- Elegir un proveedor de hosting confiable.

Recurso web

Desde el siguiente código QR podrás acceder a la página oficial de PHP, en la que puedes estudiar y analizar diferentes ejemplos de inyección SQL.

Controlar todos los factores que afectan a un sitio web es muy complicado. Los problemas de seguridad crecen de forma exponencial al tamaño y a la complejidad del servidor web y de la aplicación. El hecho de tener un sistema con diferentes servicios y lenguajes y muchos puertos abiertos puede ser la entrada para cualquier ataque de seguridad.

Realizar una configuración minuciosa y aplicar parches de actualización y seguridad minimizará los riegos.

De forma resumida, el esquema de la figura 7.13 muestra los aspectos que deben considerarse respecto a la seguridad de los sitios web.

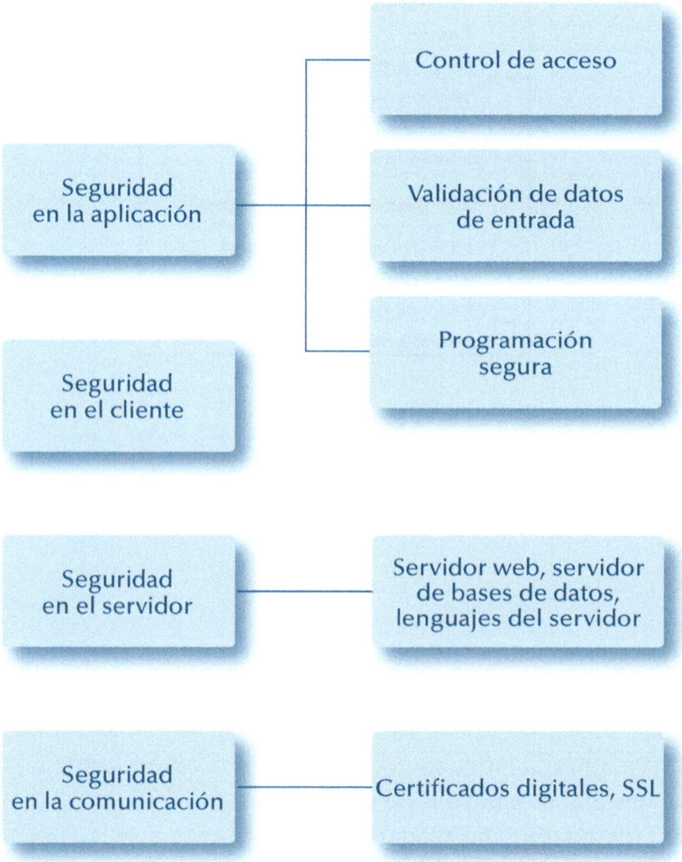

Figura 7.13
Aspectos de la seguridad en los sitios web.

Actividad propuesta 7.11

Lee el informe *OWASP Top 10 - 2017* (accesible desde el código QR adjunto) y realiza un pequeño documento resumen donde recojas tanto los principales escenarios en los que una aplicación web es vulnerable a la inyección SQL como las medidas de prevención que pueden evitar este tipo de amenazas. Realiza el mismo proceso para la amenaza 10: *Insufficient Logging & Monitoring*.

7.4.1. Algunas medidas de seguridad que deben tomarse en PHP

Una recomendación importante que permite aumentar la seguridad es tener actualizadas las versiones de los servidores web y de los lenguajes de programación usados. Además, tendremos que tener en cuenta las siguientes precauciones:

1. Configurar el fichero php.ini de forma adecuada.
2. Aceptar solo datos validos conocidos.
3. Validar los datos de entrada de la aplicación.

Respecto a la configuración del fichero php.ini, las medidas recogidas en el cuadro 7.4 permiten mejorar la seguridad en PHP.

CUADRO 7.4
Medidas que deben tomarse en el fichero de configuración de PHP.

CONFIGURAR EN PHP.INI	Modificar algunas variables globales como: • safe_mode: activa el modo seguro. • post_max_size: limita el tamaño de los ficheros para evitar un ataque de denegación de servicio.
	Utilización de variables: • Inicializar las variables antes de utilizarlas en un programa. Para ello se configura la directiva *error_reporting* con el valor *e_all*.
	Impedir el acceso a ficheros remotos: • La directiva que hay que establecer a off es: *allow_url_fopen*.
	Ocultar la ruta donde se almacenan los ficheros: • La directiva es *include_path*.

Recordemos que, al igual que en otros ficheros de configuración, la forma de cambiar un valor de una directiva sigue la sintaxis:

Nombre de la directiva = valor asignado

WWW

Recurso web

Puedes encontrar en el sitio oficial de PHP (visitable a partir del código QR adjunto) información detallada sobre las directivas de seguridad.

7.4.2. Control de accesos en PHP

La entrada de información en el sistema es uno de sus puntos vulnerables. Para controlar el acceso a una aplicación web usando PHP es necesario mandar los datos a un archivo. Este archivo tendrá que procesar y validar al usuario que intenta logarse en el sistema accediendo a una base de datos MySQL. Cuando un usuario se intenta conectar se le va a asignar un identificador único. Generalmente, por motivos de usabilidad, un sitio web tendrá varios formularios. Entre los distintos formularios se utilizarán algunos datos comunes. Normalmente, en el proceso de login de un posible visitante de una página web, es necesario conservar los valores que se han introducido en el proceso de autenticación.

Para que una página PHP pueda acceder a los datos de usuario que envíe otra página PHP se van a utilizar dos técnicas:

- ✓ *Cookies:* que serán almacenadas en el cliente.
- ✓ *Sesiones:* que serán almacenas en el servidor.

RECUERDA

- ✓ Las cookies se pueden definir como un fragmento de información almacenado por un navegador web durante la visita de un usuario a una página web. La información guardada tiene forma de fichero de texto y suele contener datos que en algún momento han sido preguntados al usuario de la página. Por ejemplo, su dirección de correo electrónico o su teléfono. Podemos diferenciar dos tipos de cookies:
  - *Temporales:* conservan su valor hasta que el navegador se cierra.
  - *Persistentes:* son conservadas en el cliente con el objeto de poder ser utilizadas en diferentes sesiones.

Siempre es necesario que el navegador tenga habilitado el uso de las cookies para que estas puedan ser almacenadas. PHP dispone de una función denominada *setcookie ()*, que crea una cookie que es enviada junto con el resto de las cabeceras de HTTP.

El otro mecanismo de programación que posibilita durante el proceso de navegación la utilización de los datos recogidos en otras páginas es la sesión. Las sesiones utilizan las cookies para conservar el valor que identifica al usuario cuando este navega por diferentes páginas. Hay algunas diferencias entre sesiones y cookies:

1. *Ubicación*. Aunque el usuario deshabilite las cookies en el navegador no supone ningún problema. La información de una sesión se conserva en el servidor.
2. *Persistencia*. La información de las sesiones, a diferencia de las cookies, solo es accesible durante el proceso de navegación.

El uso de variables y sesiones es fundamental para poder realizar el proceso de autenticación en un sitio web.

Recurso web

www

Si quieres saber cómo se realiza un sistema de login en PHP te recomiendo el vídeo del canal Píldoras Informáticas al que llegarás a partir del código QR adjunto.

Resumen

- Las bases de datos son el elemento imprescindible para poder construir una página web dinámica.
- Mediante el uso de las bases de datos podremos conservar los datos de un sitio web de forma permanente y se podrá utilizar el lenguaje SQL para poder acceder a esos datos.
- Usando PHP es posible acceder a diferentes sistemas gestores de bases de datos, tanto libres como propietario.
- La utilización de ODBC permite conectar desde PHP a orígenes de datos muy diversos.
- PHP puede acceder a MySQL utilizando MySQLi, versión mejorada del controlador MySQL o bien PDO.
- PHP dispone de diferentes comandos para iniciar la conexión con MySQL, seleccionar bases de datos, enviar consultas y recuperar consultas.
- También posible, desde PHP, ejecutar sentencias SQL de tipo DDL, para poder crear diferentes objetos como bases de datos y tablas.
- Es necesario implementar diferentes mecanismos de seguridad en las páginas web, ya que son vulnerables a amenazas externas.
- La amenaza más frecuente que sufre un sitio web es la llamada inyección SQL, donde se lanza una consulta SQL con propósito malicioso.

- Los aspectos que hay que observar en la seguridad de un sitio web son: seguridad en la comunicación, seguridad en el cliente, seguridad en el servidor y seguridad en la aplicación.
- Uno de los puntos más vulnerables de un sitio web es la entrada de información.
- Los fragmentos de información almacenada por un navegador web durante la visita de un usuario a una página web se denominan cookies.
- Hay cookies temporales y otras persistentes.
- Las sesiones son mecanismos que posibilitan el uso de los datos entre diferentes páginas.
- Las sesiones conservan su valor en el servidor mientras que las cookies lo hacen en el cliente.

Práctica guiada

Vamos a poner en práctica todos los conocimientos adquiridos durante el capítulo. Para ello supongamos que una pequeña tienda nos pide que realicemos una tabla sobre una base de datos, ya existente, en su servidor MySQL, para poder almacenar datos sobre sus diferentes productos. El nombre de la base de datos es "Tienda". Para que puedas seguir correctamente la práctica tienes que tener instalado en tu ordenador, por ejemplo, WAMPP Server, de forma que tendrás los servicios tanto web como de base de datos necesarios y el lenguaje PHP. Primero deberás crear la base de datos "Tienda" en tu servidor.

El diseño de la tabla corresponde a la descripción mostrada en la figura 7.14.

```
mysql> describe productos;
+-------------+-------------+------+-----+---------+-------+
| Field       | Type        | Null | Key | Default | Extra |
+-------------+-------------+------+-----+---------+-------+
| codproducto | smallint(6) | NO   | PRI | NULL    |       |
| nombre      | varchar(20) | YES  |     | NULL    |       |
| tipo        | varchar(30) | YES  |     | NULL    |       |
| precio      | smallint(2) | YES  |     | NULL    |       |
+-------------+-------------+------+-----+---------+-------+
4 rows in set (0.02 sec)
```

Figura 7.14
Tabla "Productos".

Una vez creada la tabla nos pide que realicemos las siguientes operaciones:

1. Insertar varios registros en la tabla. El campo precio inicialmente no tiene ningún valor.
2. Actualizar los precios de los productos en función de los siguientes criterios:
   Inicialmente todos los productos de tipo fruta tienen un precio inicial de 2 euros.
   Todas las verduras cuestan 1 euro.
3. Presentar en un formulario el resultado de un conjunto de consultas en la tabla de la base de datos. La consulta que hay que satisfacer mostrará solo las frutas y las verduras de la tabla productos.

Con objeto de ir solucionando las diferentes operaciones de forma secuencial se irá modificando el script añadiendo cada vez una funcionalidad.

[PASO 1] Escribir el código necesario que permita realizar la conexión a la base de datos y crear la tabla "Productos". El script resultante es:

```
<?php
    // Vamos a conectarnos a la base de datos tienda
$servidor = "localhost";
$usuario = "root";
$password = "";
$basedatos= "Tienda";
// Crear conexion
$conexion = new mysqli($servidor, $usuario, $password, $basedatos);
// Chequear conexion
if ($conexion->connect_error) {
    die("La conexion ha fallado: " . $conexion->connect_error);
}  else
{
print "Todo ha ido genial  ";
    }
 $conexion->select_db($basedatos);
// Crear tabla
$sql = "CREATE TABLE Productos (codproducto SMALLINT(6) PRIMARY KEY, nombre VARCHAR (20), tipo VARCHAR(30), precio SMALLINT(2))";

if ($conexion->query($sql) === TRUE) {
    echo "  La Tabla Productos ha sido creada correctamente";
} else {
    echo "Ha ocurrido un Error: " . $conexion->error;
}
 ?>
```

Figura 7.15
Script con creación de tabla.

[PASO 2] Construyamos ahora las sentencias SQL, de tipo Insert, que permiten añadir registros a la tabla "Productos". Para ello podemos añadir al script anterior las líneas de código necesario que permiten tanto construir las sentencias SQL como ejecutarlas. No olvides que, si ejecutas de nuevo el script, tendrás que eliminar la tabla "Productos" que se creó en el paso anterior para que no se produzca ningún error.

```
<?php
    // Vamos a conectarnos a la base de datos tienda
$servidor = "localhost";
$usuario = "root";
$password = "";
$basedatos= "Tienda";
// Crear conexion
$conexion = new mysqli($servidor, $usuario, $password, $basedatos);
// Chequear conexion
if ($conexion->connect_error) {
    die("La conexion ha fallado: " . $conexion->connect_error);
}  else
{
print "Todo ha ido genial  ";
    }
 $conexion->select_db($basedatos);
// Crear tabla
$sql = "CREATE TABLE Productos (codproducto SMALLINT(6) PRIMARY KEY, nombre VARCHAR (20), tipo VARCHAR(30), precio SMALLINT(2))";

if ($conexion->query($sql) === TRUE) {
    echo "  La Tabla Productos ha sido creada correctamente";
} else {
    echo "Ha ocurrido un Error: " . $conexion->error;
}
$sql="INSERT INTO Productos VALUES(1,'Mandarinas','Fruta',0)";
$conexion->query($sql);
$sql="INSERT INTO Productos VALUES(2,'Naranjas','Fruta',0)";
$conexion->query($sql);
$sql="INSERT INTO Productos VALUES(3,'Pollo','Carne',0)";
$conexion->query($sql);
$sql="INSERT INTO Productos VALUES(4,'Coliflor','Verdura',0)";
$conexion->query($sql);
$sql="INSERT INTO Productos VALUES(5,'Lombarda','Verdura',0)";
$conexion->query($sql);
$sql="INSERT INTO Productos VALUES(6,'Ternera','Carne',0)";
$conexion->query($sql);

 ?>
```

Figura 7.16
Insertar registros en la tabla.

[PASO 3] Es el momento de construir las sentencias de actualización y ejecutarlas. Para ello, construiremos las sentencias Update y las ejecutaremos. La imagen siguiente muestra las nuevas líneas de código del script:

```
// Ejecución Insert
$sql="INSERT INTO Productos VALUES(1,'Mandarinas','Fruta',0)";
$conexion->query($sql);
$sql="INSERT INTO Productos VALUES(2,'Naranjas','Fruta',0)";
$conexion->query($sql);
$sql="INSERT INTO Productos VALUES(3,'Pollo','Carne',0)";
$conexion->query($sql);
$sql="INSERT INTO Productos VALUES(4,'Coliflor','Verdura',0)";
$conexion->query($sql);
$sql="INSERT INTO Productos VALUES(5,'Lombarda','Verdura',0)";
$conexion->query($sql);
$sql="INSERT INTO Productos VALUES(6,'Ternera','Carne',0)";
$conexion->query($sql);
// Ejecución Update
$sql="UPDATE Productos SET precio=2 WHERE tipo like 'fruta'";
$conexion->query($sql);
$sql="UPDATE Productos SET precio=1 WHERE tipo like 'verdura'";
$conexion->query($sql);
 ?>
```

Figura 7.17
Sentencia de actualización en el script

Si se desea, se puede comprobar, por ejemplo desde el servidor de MySQL, cuál es el estado actual de la tabla "Productos":

```
c:\wamp\bin\mysql\mysql5.5.24\bin\mysql.exe

Copyright (c) 2000, 2011, Oracle and/or its affiliates. All rights reserved.

Oracle is a registered trademark of Oracle Corporation and/or its
affiliates. Other names may be trademarks of their respective
owners.

Type 'help;' or '\h' for help. Type '\c' to clear the current input statement.

mysql> use tienda;
Database changed
mysql> select * from productos;
+-------------+------------+---------+--------+
| codproducto | nombre     | tipo    | precio |
+-------------+------------+---------+--------+
|           1 | Mandarinas | Fruta   |      2 |
|           2 | Naranjas   | Fruta   |      2 |
|           3 | Pollo      | Carne   |      0 |
|           4 | Coliflor   | Verdura |      1 |
|           5 | Lombarda   | Verdura |      1 |
|           6 | Ternera    | Carne   |      0 |
+-------------+------------+---------+--------+
6 rows in set (0.02 sec)

mysql>
```

Figura 7.17
Sentencia de actualización en el script

[PASO 4] Por último, vamos a mostrar en una página web todos los registros de la tabla "Productos". Para ello, ejecutaremos una consulta de selección y mostraremos el conjunto de registros en la pantalla.

Práctica propuesta

Supongamos que una tienda de música está pensando ampliar su ámbito de negocio y para ello desea mantener en una base de datos la información sobre sus clientes. La dirección de la tienda está considerando que, en futuro, la mayor parte del proceso de venta de los clientes se realice a través de una aplicación de comercio electrónico. Para ello, lo primero que quiere hacer es permitir a sus futuros clientes darse de alta a través de la página web de la tienda de música. Además de que el cliente pueda darse de alta, sus datos serán almacenados en una tabla de la base de datos.
La secuencia de pasos que hay que realizar en este ejercicio son:

1. Crear una base de datos denominada "Música".
2. Crear una tabla llamada "Clientes" con los campos NIF, Nombre, Apellidos, Mail y Teléfono.
3. Crear una página, llamada "inicio.html", donde se muestre un supuesto nombre de la tienda de música, una imagen y dos enlaces a sendas páginas, denominadas "Altas" y "Consultas".
4. Crear una página llamada "Altas" donde, a través de un formulario, se recogerán los datos del cliente y se insertarán en la mencionada tabla "Clientes".
5. Crear una página llamada "Consultas" donde se puedan ejecutar consultas sobre la tabla "Clientes" del tipo: "Dime cuál es el nombre de mis clientes" o "Selecciona los clientes y los e-mails".

ACTIVIDADES DE AUTOEVALUACIÓN

1. Si quiero conectar PHP con una base de datos Mysql podré utilizar:
   - ☐ *a)* La API MysqlLi.
   - ☐ *b)* La API PDO.
   - ☐ *c)* ODBC.
   - ☐ *d)* Todas las opciones anteriores son correctas.

2. ODBC es un mecanismo que permite:
   - ☐ *a)* Acceder a orígenes de datos de Microsoft.
   - ☐ *b)* Acceder a la base de datos de Microsoft.
   - ☐ *c)* Acceder a cualquier origen de datos para el que exista un driver ODBC.
   - ☐ *d)* Acceder a cualquier base de datos para la que exista un driver ODBC.

3. Al tipo de ataque que sobrecarga un sistema informático con el fin de evitar que este funcione con normalidad se le denomina:
   - ☐ *a)* Ataque de fuerza bruta.
   - ☐ *b)* Inyección SQL.
   - ☐ *c)* Denegación de servicio.
   - ☐ *d)* Ninguna de las opciones anteriores es correcta.

4. La seguridad de un sitio web debe observarse desde diferentes aspectos como:
   - ☐ *a)* La seguridad en el cliente, en el servidor y en la aplicación.
   - ☐ *b)* La seguridad en el cliente y en el servidor.
   - ☐ *c)* La seguridad en el cliente, en el servidor y en la aplicación.
   - ☐ *d)* PHP no permite establecer directivas de seguridad.

5. Una de las diferencias entre sesiones y cookies es:
   - ☐ *a)* Las cookies se almacenan en el servidor y las sesiones en el navegador.
   - ☐ *b)* Las cookies se almacenan en el cliente y las sesiones en el servidor.
   - ☐ *c)* Las cookies persisten solo hasta que el navegador se cierra y las sesiones son persistentes en el disco duro del usuario.
   - ☐ *d)* No existen diferencias significativas entre cookies y sesiones.

6. Los problemas de seguridad de un sitio web respecto al tamaño y a la complejidad del servidor web y de la aplicación:
   - ☐ *a)* Crecen de forma exponencial.
   - ☐ *b)* Decrecen de forma exponencial.
   - ☐ *c)* No dependen ni del tamaño ni de la complejidad.
   - ☐ *d)* No hay problemas de seguridad en los sitios web.

7. A las reglas que siguen los componentes de software para comunicarse entre sí se les denomina:
   - ☐ *a)* DSN de usuario.
   - ☐ *b)* DSN de sistema.
   - ☐ *c)* API.
   - ☐ *d)* Protocolo.

8. Si en la función *Nombreobjeto= new mysqli ("servidor", "usuario", "contraseña", "basedatos", puerto);* se omite el parámetro puerto:
   - ☐ *a)* Se produce un error grave en tiempo de ejecución.
   - ☐ *b)* A *nombreobjeto* se le asigna el nombre del servidor de base de datos.
   - ☐ *c)* Al valor *puerto* se le asigna por defecto el valor 3306.
   - ☐ *d)* No es posible omitir ningún parámetro de la función.

9. Desde PHP es posible utilizar sentencias SQL:
   - ☐ *a)* Solo de tipo Select.
   - ☐ *b)* Solo de modificación.
   - ☐ *c)* Solo de tipo DDL.
   - ☐ *d)* Todas las opciones anteriores son correctas.

10. Las cookies se clasifican en:
    - ☐ *a)* Variables y definitivas.
    - ☐ *b)* Temporales y persistentes.
    - ☐ *c)* Persistentes y variables.
    - ☐ *d)* Las cookies no se clasifican.

SOLUCIONES:

1.	a	b	c	**d**	**5.**	a	**b**	c	d					
2.	a	b	**c**	d	**6.**	**a**	b	c	d	**9.**	a	b	c	**d**
3.	a	b	**c**	d	**7.**	a	b	**c**	d	**10.**	a	**b**	c	d
4.	**a**	b	c	d	**8.**	a	b	**c**	d					